U0524125

学生校园文化读本

弘扬嘉庚精神
培养诚毅品格

福建省诚毅技术学校 编

厦门大学出版社 国家一级出版社
XIAMEN UNIVERSITY PRESS 全国百佳图书出版单位

图书在版编目(CIP)数据

弘扬嘉庚精神,培养诚毅品格/福建省诚毅技术学校编. —厦门:厦门大学出版社,
2019.7
ISBN 978-7-5615-7414-0

Ⅰ.①弘…　Ⅱ.①福…　Ⅲ.①德育-高等职业教育-教学参考资料　Ⅳ.①G711

中国版本图书馆 CIP 数据核字(2019)第 078823 号

出 版 人	郑文礼
责任编辑	薛鹏志　林　灿
封面设计	张雨秋
技术编辑	朱　楷

出版发行	*厦门大季出版社*
社　　址	厦门市软件园二期望海路 39 号
邮政编码	361008
总 编 办	0592-2182177　0592-2181406(传真)
营销中心	0592-2184458　0592-2181365
网　　址	http://www.xmupress.com
邮　　箱	xmup@xmupress.com
印　　刷	厦门市明亮彩印有限公司

开本	720 mm×1 000 mm　1/16
印张	13.5
插页	4
字数	180 千字
版次	2019 年 7 月第 1 版
印次	2019 年 7 月第 1 次印刷
定价	58.00 元

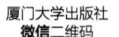

本书如有印装质量问题请直接寄承印厂调换

陈嘉庚像（陈嘉庚纪念馆提供）

集美学村

厦门大学

陈嘉庚纪念馆（陈嘉庚纪念馆提供）

福建省诚毅技术学校南校区

福建省诚毅技术学校北校区

序

习近平总书记在全国教育大会上指出:"教师是人类灵魂的工程师,是人类文明的传承者,承载着传播知识、传播思想、传播真理、塑造灵魂、塑造生命、塑造新人的时代重任。"福建省诚毅技术学校编写的学生校园文化读本《弘扬嘉庚精神　培养诚毅品格》,是学校在新时代塑造新人的一大成果。这是该校自2004年建校以来坚持德智体美劳全面发展,以德育为先的办学目标的延续和升华。

诚毅技术学校编写的这本文化读本,别具一格,其中包含了教学目的、教学任务、教学内容、教学要求、教学进度、教学方法,还有参考书目、知识点、讨论题等等,十分全面,十分丰富。这是编者博观约取、厚积薄发的成果。

1918年,陈嘉庚先生和他的胞弟陈敬贤先生,共同为集美学校颁布了"诚毅"校训。此后,陈嘉庚先生多次对学生说:"我希望于你们的只是要你们依照着'诚毅'校训,努力地读书,好好地做人,好好地替国家民族做事。"一百年来,"诚毅"校训激励着一代又一代的集美学校师生、校友在人生道路上孜孜以求,勇往直前。今天,诚毅技术学校编写、使用这本德育读本,必将引导师生在"诚毅"二字上狠下

功夫，博学而不穷，笃行而不倦。

这本文化读本，从"嘉庚精神进校园"到"诚毅品格藏心中"，从"嘉庚精神的内涵"到"嘉庚精神育人"，从"诚毅品格树人"到"职业道德修养"，计六个单元二十课，分授三年，循序渐进。全书叙述精准，释义确切，通俗易懂，既适合学生阅读学习和领会认知，又给学生留下了广阔的思考空间，可期收到"讲之功有限，习之功无已"之效。

这本文化读本，贯穿着理论联系实际，知行统一的原则，"论先后，知为先；论轻重，行为重"。尤其可贵的是读本把传承嘉庚精神与培育社会主义核心价值观结合起来，进而加强职业道德教育，以铸就新时代劳动者的灵魂。这是这本文化读本的教育意义和社会价值之所在。

"呱呱之子，各识其亲；讴讴之学，各习其师。"在学生眼里，老师是吐辞为经，举足为法。陈嘉庚先生创办集美学校，慎择校长、礼聘教师。教师佩戴的校徽背面，刻有"为人师表"四个字。这表明学校推行教育者先受教育，师严则道尊的理念。

我很喜欢这本实用的文化读本。谨此向学校和编者表示祝贺！祝诚毅技术学校春风化雨，桃李芬芳！

是为序。

任镜波

2018年10月21日

（任镜波，1934年6月生，研究员，集美校友总会第六、七、八届理事长，现为永远名誉会长。任镜波先生是集美校友总会给习近平总书记写信的执笔人）

序

陈嘉庚先生是中国近现代史上最负盛名的爱国华侨领袖,也是一位杰出的实业家、教育家、社会活动家。他的一生波澜壮阔,充满传奇。他十七岁即随父亲前往南洋经商,后独立开拓实业,成长为东南亚一代商业巨子,新加坡"橡胶大王"。嘉庚先生一生历经辛亥革命、抗日战争、新中国成立等重要历史阶段,他始终将国家和民族摆在首位,领导南洋华侨,支持抗战,参与新中国建设,将爱国主义情感转化为报国实践。他散尽千金只为国荣,满腔热血只为国强,毕生为民族独立、国家统一富强做出重要贡献。"华侨旗帜,民族光辉"是毛泽东主席对嘉庚先生的评价,也是对其崇高品格的最高礼赞。

嘉庚先生坚信"教育为立国之本,兴学乃国民天职",他毕生倾资兴学,牺牲辛辛苦苦打下的庞大家业,舍弃万贯家资,用半个世纪的心血,将原本偏僻落后的渔村,建设成从幼稚园、小学、中学到大学,师范教育和职业教育并重的集美学村。在兴办教育的过程中,嘉庚先生留下"宁使企业收

盘,绝不停办学校"的传世佳话,也铸就了一座倾资办学的历史丰碑,被称为"倾资兴学,千古一人"。

嘉庚先生辞世已逾半个世纪,当年他倾资兴办的集美学村,迄今为止泽被后人,更为后人留下宝贵的精神财富。集美学村在百年的办学历程中形成了独特的文化氛围和精神风貌,这就是嘉庚精神。嘉庚精神以嘉庚先生一生的伟大实践为引领,不断浓缩、升华。当下的嘉庚精神可以总结为"忠公、诚毅、勤俭、创新"八个字,表现为爱国爱乡的家国情怀,诚信果毅的创业精神,教育兴邦的办学精神,勤俭克己的自律精神,以及改革创新的奉献精神。

福建诚毅技校坐落于集美学村,"校在村中,村在校中"是集美学村的特色,嘉庚精神是集美学村最宝贵的财富,它恰是同一条纽带,将学村的各学校紧密联系在一起,引领着一代代师生,做一个诚以待人,毅以处事的人。

组织编写嘉庚精神校园文化读本,是我校德育教研活动的一次创新。我校将充分利用学校在集美学村的文缘优势、地缘优势,根据技工学校职业教育的发展特点,围绕弘扬嘉庚精神思想主题,在各年级开展不同形式的课内课外学习活动,深入探讨嘉庚精神的丰富内涵,并将嘉庚精神融入学校日常运营、学生的学习生活中,融入教风学风当中,

让学生耳濡目染,外化于形,内化于心,真正做到入眼、入脑、入心,做一名爱国人、合格人、创业人。学习嘉庚精神,必将有益于每一位学生人格的自我完善。

2018 年 10 月

诚 毅

柳百方
二〇一八年秋

前　言

我们学校2004年创办时以"诚毅"作为校名，秉承"嘉庚精神立校，诚毅品格树人"的办学理念。2014年学校迁至集美学村后，更是着力以嘉庚精神熏陶学生，以诚毅品格培养学生。

为了进一步弘扬嘉庚精神，学校确定把嘉庚精神教育作为德育的重要内容，决定深入开展"嘉庚精神进校园、诚毅品格藏心中"教育活动，并使之制度化、常态化。为此，学校组织力量编写了这本《弘扬嘉庚精神　培养诚毅品格》学生德育读本。

本书从"认识嘉庚先生""弘扬嘉庚精神""培养诚毅品格"三个方面，以每个学期为一个学习单元，介绍陈嘉庚先生的感人业绩，阐释嘉庚精神和诚毅品格的深刻内涵，说明"嘉庚精神进校园"和"诚毅品格藏心中"教育活动的具体做法。我们力图为嘉庚精神教育活动提供一本实用的、通俗易懂的、学生乐于接受的读物。

本书编写受到学校董事会的高度重视，柳志勇董事长亲笔题写书名，张培财董事积极参与策划。本书编写得到校委会的大力支持，钟远南校长亲自作序，罗富灿助理和张云南主任

积极参与编写资料的搜集，其他校领导积极参与审稿和改稿。

本书的编写得到集美学校校委会、集美校友总会、陈嘉庚纪念馆的大力支持；得到集美校友总会永远名誉会长任镜波先生的大力支持，任会长亲自为本书作序；还得到厦门华侨博物院原副院长蒋玉钦、陈嘉庚纪念馆副馆长刘晓斌、《集美学校百年校史》主编林斯丰的大力支持。在此，我们表示衷心的感谢！

我们希望通过开展"嘉庚精神进校园"和"诚毅品格藏心中"教育活动，进一步凸显学校办学特色，助推学校发展迈上新的台阶。

我们希望本书能促进"嘉庚精神进校园"和"诚毅品格藏心中"教育活动有效地开展。

我们希望广大师生在使用本书后提出宝贵的修订意见。

本书编委会成员如下：

顾　　问：任镜波　柳志勇

主　　编：钟远南

副 主 编：郑元桂　张培财

编　　委：刘晓斌　蒋玉钦　冉　昭　赵青伟　陈　鹏
　　　　　罗富灿　李秀明　张云南

执　　笔：郑元桂

编委会

2018年10月于集美

目　录

第一单元　嘉庚精神进校园

第一课　嘉庚精神进校园 …………………………………… 3
　一、指导思想 ………………………………………………… 3
　二、活动要求 ………………………………………………… 4
　三、"每月一课"授课安排 …………………………………… 4
　四、"每月一活动"安排 ……………………………………… 5
　五、活动安排表 ……………………………………………… 7

【知识点-1】习近平总书记的回信 …………………………… 9

第二课　陈嘉庚年表 ………………………………………… 12
　一、1874—1911 年 …………………………………………… 12
　二、1911—1937 年 …………………………………………… 13
　三、1937—1949 年 …………………………………………… 14
　四、1949—1961 年 …………………………………………… 15

【知识点-2】陈嘉庚纪念馆 ················· 17

第三课　陈嘉庚之艰苦创业 ················· 20
　　一、学习经营 ························· 20
　　二、自主创业 ························· 21

【知识点-3】陈嘉庚创业成功之道 ··········· 25

第四课　陈嘉庚之倾资兴学 ················· 28
　　一、兴学动机 ························· 28
　　二、办学经历 ························· 29
　　三、教育思想 ························· 32

【知识点-4】陈嘉庚倾资兴学的历史丰碑 ····· 35

第五课　陈嘉庚之爱国情怀 ················· 37
　　一、坚定信念　矢志不移 ··············· 38
　　二、高瞻远瞩　与时俱进 ··············· 40
　　三、紧跟革命　追求进步 ··············· 41
　　四、关心台湾　心系统一 ··············· 42
　　五、赤诚爱国　参政议政 ··············· 43

【知识点-5】南侨总会 ····················· 45

第二单元　诚毅品格藏心中

第六课　"诚毅"校训 ……………………………………… 50
一、"诚毅"校训的由来 …………………………………… 50
二、"诚毅"校训的内涵 …………………………………… 51
三、陈嘉庚的"诚毅"品质 ………………………………… 53

【知识点-6】《福建私立集美学校校歌》歌词 ……………… 55

第七课　诚毅品格藏心中 …………………………………… 58
一、指导思想 ………………………………………………… 58
二、活动要求 ………………………………………………… 59
三、"每月一课"授课安排 …………………………………… 59
四、"每月一活动"安排 ……………………………………… 60
五、活动安排表 ……………………………………………… 61

【知识点-7】关于诚毅的名言 ………………………………… 63

第三单元　嘉庚精神的内涵

第八课　嘉庚精神的形成 …………………………………… 72
一、嘉庚精神的形成 ………………………………………… 72
二、嘉庚精神的精髓 ………………………………………… 74

【知识点-8】陈嘉庚语录选辑 ·· 77

第九课　嘉庚精神的内涵 ·· 83
　　一、忠——嘉庚精神的本质特征·································· 83
　　二、公——嘉庚精神的内在品质·································· 84
　　三、诚毅——嘉庚精神的精髓所在································ 85
　　四、勤俭——嘉庚精神的传统本色································ 86
　　五、创新——嘉庚精神的时代特色································ 86

【知识点-9】习近平总书记论"爱国" ·································· 88

第十课　名人评价陈嘉庚和嘉庚精神 ·································· 91
　　一、三四十年代的评价·· 91
　　二、五六十年代的评价·· 92
　　三、八九十年代的评价·· 93
　　四、二十一世纪的评价·· 95

【知识点-10】华侨旗帜　民族光辉 ···································· 97

第十一课　嘉庚精神与核心价值观 ···································· 99
　　一、社会主义核心价值观的价值内容······························ 100
　　二、学习嘉庚精神，践行核心价值观······························ 102

【知识点-11】陈嘉庚遗教二十则 ······································ 106

第四单元　嘉庚精神育人

第十二课　学嘉庚精神做爱国人 ·············· 111
　一、学习陈嘉庚的爱国主义精神 ·············· 112
　二、把握当今爱国主义的时代精神 ·············· 114
　三、把爱国热忱化为实际行动 ·············· 114

【知识点-12】关于爱国的名人名言 ·············· 117

第十三课　学嘉庚精神做合格人 ·············· 121
　一、做一个廉洁的人 ·············· 121
　二、做一个善良的人 ·············· 123
　三、做一个勤奋的人 ·············· 124
　四、做一个诚实的人 ·············· 125
　五、做一个甘做小事的人 ·············· 125

【知识点-13】公民基本道德规范 ·············· 127

第十四课　学嘉庚精神做创业人 ·············· 132
　一、要有创业自信，敢于创业 ·············· 132
　二、要有创业激情，乐于创业 ·············· 133
　三、要有创业本领，善于创业 ·············· 134
　四、要有创业毅力，坚持创业 ·············· 136

【知识点-14】创业成功者谈创业 ·················· 138

第五单元　诚毅品格树人

第十五课　陈嘉庚的诚信品德 ·················· 144
　一、陈嘉庚创业中的诚信品德 ·················· 144
　二、陈嘉庚兴学中的诚信品德 ·················· 147

【知识点-15】诚信考试 ·················· 149

第十六课　陈嘉庚的刚毅性格 ·················· 151
　一、从父亲的失败中站起来创业 ·················· 151
　二、在逆境中奋起创业 ·················· 153
　三、在困境中坚持办学 ·················· 154

【知识点-16】爱迪生的七千次实验 ·················· 156

第十七课　诚毅品格培养 ·················· 158
　一、诚信品德培养 ·················· 158
　二、刚毅性格培养 ·················· 161

【知识点-17】小事情可以锻炼大毅力 ·················· 165

第六单元　职业道德修养

第十八课　职业道德内容 ······················ 169
　一、职业道德的含义 ······················ 169
　二、职业道德的基本内容 ···················· 170

【知识点-18】员工行为规范标准 ················ 173

第十九课　职业道德内涵 ······················ 176
　一、爱岗敬业是职业道德的基本规范 ············ 176
　二、诚实守信是职业道德的基本要求 ············ 177
　三、办事公道是职业道德的基本准则 ············ 178
　四、服务群众是职业道德的基本内容 ············ 180
　五、奉献社会是职业道德的基本目标 ············ 181

【知识点-19】关于职业道德的若干概念 ············ 183

第二十课　职业道德修养 ······················ 186
　一、职业道德修养的基本途径 ················ 186
　二、职业道德修养的要求 ···················· 188

【知识点-20】办事公道名人名言 ················ 193

第一单元

嘉庚精神进校园

> 希望广大华侨华人弘扬嘉庚精神,深怀爱国之情,坚守报国之志,同祖国人民一道不懈奋斗,共圆民族复兴之梦。
>
> ——习近平

陈嘉庚先生是伟大的爱国华侨领袖,杰出的实业家、教育家和社会活动家。

嘉庚精神是陈嘉庚在特定的社会环境下,经历长期复杂的历史阶段,集政治、思想、社会、经济、文教诸项成就之大成,形成的一系列崇高精神和高尚品德的统称。

为弘扬嘉庚精神,挖掘嘉庚精神时代价值,提高广大学生的道德素质,学校倡导开展"嘉庚精神进校园"活动。

各班要按照学校的教育活动工作安排,组织学生积极开展嘉庚精神"进校园""进班级"活动。

本单元内容从陈嘉庚年表、陈嘉庚之艰苦创业、陈嘉庚之倾资兴学、陈嘉庚之爱国情怀等方面,引导学生了解嘉庚先生和嘉庚精神。

第一课　嘉庚精神进校园

> 人生于世，除为个人生活企图，更当为国家社会奋斗。
>
> ——陈嘉庚

习近平总书记在给厦门市集美校友总会回信中指出："实现中华民族伟大复兴，是海内外中华儿女的共同心愿，也是陈嘉庚先生等前辈先人的毕生追求。希望广大华侨华人弘扬嘉庚精神，深怀爱国之情，坚守报国之志，同祖国人民一道不懈奋斗，共圆民族复兴之梦。"

为弘扬嘉庚精神，挖掘嘉庚精神时代价值，提高广大学生的道德素质，学校倡导开展"嘉庚精神进校园"活动。

一、指导思想

以习近平新时代中国特色社会主义思想为指引，用社会主义核心价值观熏陶学生，用陈嘉庚业绩影响学生，深入开展"嘉庚精神进校园"活动。通过丰富多彩、形式多样的系列活动，把嘉庚精神教育

和践行社会主义核心价值观结合起来,激发广大师生爱党、爱国、爱乡、爱校的感情,培养师生无私奉献的精神、诚信刚毅的品格和勤俭清廉的品质,展现诚毅技校师生良好的精神风貌。

二、活动要求

1."嘉庚精神进校园"活动应制度化,坚持"每月一课"和"每月一活动"制度。

2."嘉庚精神进校园"活动应常态化,每学期在学校或实习单位举行不少于三课的嘉庚精神授课教育和不少于三次的弘扬嘉庚精神实践活动。

3.每项教育活动要保留齐全的活动过程记录。

三、"每月一课"授课安排

(一)授课内容

"嘉庚精神进校园"每月一课的内容有:

1.了解陈嘉庚的生平事迹。

2.了解陈嘉庚的创业历程。

3.了解陈嘉庚创办教育的经历。

4.了解陈嘉庚一生爱国的情怀。

5.了解世人对陈嘉庚的赞誉评价。

6.了解嘉庚精神的基本内容。

7.理解嘉庚精神的丰富内涵。

8.明确嘉庚精神与核心价值观的联系。

9.学习嘉庚精神做爱国人。

10. 学习嘉庚精神做合格人。

11. 学习嘉庚精神做创业人。

12. 了解职业道德的内容。

13. 理解职业道德的内涵。

14. 掌握职业道德修养的途径。

(二)授课组织

1. "每月一课"按年级分别进行,由学工处列入学期德育工作计划统一安排。

2. "每月一课"的授课由有经验的德育课教师、学工处领导、分管校领导担任,也可聘请校外相关人员担任,由学工处统一安排。

3. 授课教师必须按规范要求编写教案,并将教案电子版及时上交学工处。

4. 每学期由学工处负责编辑《"每月一课"教案汇编》。

四、"每月一活动"安排

"每月一活动"的组织和工作要求说明如下:

(一)参观陈嘉庚纪念馆和故居

由学工处组织,以班级为单位参观陈嘉庚纪念馆和故居,了解陈嘉庚的生平事迹,初步认识陈嘉庚。

要求:学生写观后感,各班挑选5篇参加学校优秀观后感评选。

(二)召开主题班会

由学工处统一确定班会主题,班主任负责组织召开"认识嘉庚先

生"主题班会,促进学生初步认识陈嘉庚。

要求:班主任要编写主题班会教案,发言学生要准备发言稿,各班评选3篇优秀"班会发言稿"报送学工处。

(三)组织故事会

各班班主任引导学生通过网络和集美图书馆等渠道收集陈嘉庚创业、办学、爱国的故事,并在班级举办"陈嘉庚故事会"。

要求:讲故事学生要准备故事讲稿,班主任挑选优秀故事讲稿3篇,报送团委会汇编。

(四)组织演讲比赛

由学工处确定演讲主题,各班组织预赛,根据预赛成绩推荐3名学生参加全校演讲比赛。

要求:学工处把获奖的演讲稿汇编成册。

(五)组织征文活动

由团委会确定征文主题,组织优秀征文稿评选。

要求:团委会把获奖的征文稿汇编成册。

(六)组织学习嘉庚语录座谈会

由各班班主任组织学习嘉庚语录座谈会。

要求:学生学习座谈的"嘉庚语录"内容见知识点-8《嘉庚语录选辑》。各班座谈会要指定专人记录,并根据记录内容整理编写座谈会纪要。

五、活动安排表

"嘉庚精神进校园"的具体活动安排见以下"安排表"。

嘉庚精神进校园活动安排表

学年/学期	每月一堂课	每月一活动
一年级上学期	第1课：了解"嘉庚精神进校园"活动内容	1.制定"嘉庚精神进班级"活动计划
	第2课：了解陈嘉庚的生平事迹	2.参观陈嘉庚纪念馆和故居
	第3课：了解陈嘉庚的创业历程	3."陈嘉庚创业故事会"
	第4课：了解陈嘉庚的办学历程	4."认识嘉庚先生"主题班会
一年级下学期	第5课：了解陈嘉庚的爱国情怀	5.主题班会："我所理解的诚毅校训"
	第6课：学习"诚毅"校训	6.制定"诚毅品格藏心中"个人培养计划
	第7课：了解"诚毅品格藏心中"活动内容	7."我所认识的嘉庚先生"征文活动
	第8课：了解嘉庚精神的形成及内容	8."我所了解的嘉庚精神"座谈会
二年级上学期	第9课：理解嘉庚精神的丰富内涵	9.学习"嘉庚精神"征文活动
	第10课：了解名人对嘉庚与嘉庚精神的评价	10."我所认识的嘉庚先生"演讲比赛
	第11课：了解嘉庚精神与社会主义核心价值观的联系	11."践行社会主义核心价值观"主题班会

续表

学年/学期	每月一堂课	每月一活动
二年级下学期	第12课：学习嘉庚精神，做一个爱国人	12."做一个爱国人"征文活动
	第13课：学习嘉庚精神，做一个合格人	13."做一个合格人"主题班会
	第14课：学习嘉庚精神，做一个创业人	14."做一个创业人"演讲比赛
三年级上学期	第15课：学习陈嘉庚的诚信品德	15.学习陈嘉庚的诚信品德主题班会
	第16课：学习陈嘉庚的刚毅性格	16.陈嘉庚刚毅性格故事会
	第17课：诚毅品格的培养	17."做一个诚毅人"演讲比赛
三年级下学期	第18课：职业道德内容	18."职业道德知识"竞赛
	第19课：职业道德内涵	19."学习职业道德"征文比赛
	第20课：职业道德修养	20.撰写实习论文《职业道德修养的途径与方法》

【讨论题】

1.你如何看待"嘉庚精神进校园"活动？

2.你们班级要如何开展"嘉庚精神进班级"活动？各班级在讨论的基础上制定"嘉庚精神进班级"活动计划。

3.你如何从习总书记给集美校友总会的回信内容中理解嘉庚精神？

第一课　嘉庚精神进校园

【知识点-1】

习近平总书记的回信

2014年是陈嘉庚先生诞辰140周年，厦门市集美校友总会于9月致信习近平总书记，恳请总书记为140周年庆祝活动做一题示。

2014年10月17日，习近平总书记给集美校友总会回了信。回信内容如下：

值此陈嘉庚先生诞辰140周年之际，我谨对陈嘉庚先生表示深切的怀念，向陈嘉庚先生的亲属致以诚挚的问候。

陈嘉庚先生是"华侨旗帜，民族光辉"。我曾长期在福建工作，对陈嘉庚先生为祖国特别是为福建做出的贡献有切身感受。他爱国兴学，投身救亡斗争，推动华侨团结，争取民族解放，是侨界的一代领袖和楷模。他艰苦创业、自强不息的精神，以国家为重、以民族为重的品格，关心祖国建设、倾心教育事业的诚心，永远值得学习。

实现中华民族伟大复兴，是海内外中华儿女的共同心愿，也是陈嘉庚先生等前辈先人的毕生追求。希望广大华侨华人弘扬嘉庚精神，深怀爱国之情，坚守报国之志，同祖国人民一道不懈奋斗，共圆民族复兴之梦。

习近平

2014年10月17日

弘扬嘉庚精神　培养诚毅品格

陈嘉庚(1874—1961)

(陈嘉庚纪念馆提供)

陈嘉庚出生地——颍川世泽堂

陈嘉庚胞弟——陈敬贤

（陈嘉庚纪念馆提供）

第二课　陈嘉庚年表

> 对于国家,当尽国民之责任,凡份应尽者,务必有以报国家。
>
> ——陈嘉庚

陈嘉庚年表按辛亥革命前、辛亥革命到全面抗战前、全面抗战到新中国成立前、新中国成立后等四个阶段编排。

一、1874—1911 年

1874 年 10 月 21 日(阴历九月十二日)生于福建省同安县集美村,父陈杞柏是新加坡华侨商人。

1882 年,8 岁。在南轩私塾就学。

1890 年,16 岁。奉父函召,第一次出洋新加坡。

1891 年,17 岁。在其父所营顺安米店学习经商。

1893 年,19 岁。归国与张氏成婚。

1894 年,20 岁。创办"惕斋学塾"。

1898年,24岁。回国奔母丧。

1899年,25岁。携妻张氏第三次出洋新加坡。

1900年,26岁。归国葬母。

1905年,31岁。开始独立创业,在此后三年间,创业颇有成果,奠定一定经济基础。

1910年,36岁。加入中国革命同盟会。被推举为新加坡中华总商会协理及道南学堂总理,向闽侨募捐五万多元建筑校舍,这是致力教育事业的开始。

二、1911—1937年

1911年,37岁。辛亥革命胜利,福建光复,被推为福建保安捐款委员会会长,筹款20多万元支援福建财政,另筹5万元,接济孙中山先生。

1912年,38岁。携眷回国,筹办集美小学。

1913年,39岁。集美小学正式开学,购地扩建校舍和操场。第五次出洋新加坡。

1915年,41岁。经营航运,获利颇巨。

1917年,43岁。因两年来营业顺利,派胞弟敬贤回国创办集美中学和集美师范学校。

1918年,44岁。集美师范和中学正式开学。发起筹办新加坡南洋华侨中学。

1919年,45岁。新加坡南洋华侨中学正式开学。回国筹办厦门大学。组织同安县教育会。

1920年,46岁。集美学校增设女子师范和商科。创办集美水产航海学校。

1921年,47岁。厦门大学在集美开学。

1922年,48岁。第六次出洋新加坡。

1923年,49岁。在新加坡创办《南洋商报》。当选怡和轩俱乐部总理。

1925年,51岁。创业有成,资产达1200万元,是他一生中得利及资产最巨之时。

1926年,52岁。扩建南洋华侨中学校舍。创办集美农林学校。开始面临逆境,厦门大学和集美学校两校的校舍建筑工程局部被迫停工,但办学经费仍竭力维持。

1928年,54岁。5月3日,日军侵占济南,组织山东惨案筹赈会,被推为主席,募款救济受祸难胞。

1934年,60岁,企业收盘。

三、1937—1949年

1937年,63岁。"七七"事变发生,发起组织新加坡筹赈会,被推担任主席,募捐新加坡币1000万元,支援祖国抗日战争。

1938年,64岁。被选为南洋华侨筹赈祖国难民总会主席。致电国民参政会,反对汪精卫同日本和谈的主张。

1940年,66岁。组织南洋华侨回国慰劳视察团,并率团返国到重庆、延安等地视察慰问。

1941年,67岁。被推为南侨总会第二届主席。组织南洋闽侨总会,创办南洋华侨师范学校。12月,太平洋战争爆发,领导组织新加坡华侨抗敌总会。

1942年,68岁。新加坡沦陷,避居爪哇三年,写成《南侨回忆录》和《住屋与卫生》。

1945年,71岁。日本战败投降,重返新加坡。11月18日,重庆各界召开"陈嘉庚安全庆祝大会",毛泽东主席特送条幅,上书"华侨旗帜　民族光辉"八个大字。

1946年,72岁。创办新加坡《南侨日报》。

1947年,73岁。召开新加坡华侨大会,反对荷兰殖民军屠杀印尼华侨暴行,议决对荷兰实行经济制裁。为集美各校开拓经费来源,在香港创办集友银行,实行以行养校。

四、1949—1961年

1949年,75岁。抗日战争胜利后首次回国。9月在北京出席全国政协第一届全体会议,被选为常务委员。10月1日,参加中华人民共和国中央人民政府成立典礼,被选为中央人民政府委员、华侨事务委员会委员。

1950年,76岁。最后一次出洋新加坡,结束未了事务。回国定居故乡集美村,亲自主持集美、厦大两校校舍的修建。

1954年,80岁。9月,出席第一届全国人民代表大会第一次会议,当选为全国人大常委会委员。12月在全国政协二届一次会议上当选为全国政协副主席。

1955年,81岁。视察东北、华北、西北、西南等地。

1956年,82岁。当选中华全国归国华侨联合会主席。

1959年,85岁。在全国政协三届一次会议上当选为全国政协副主席。创立厦门华侨博物院。

1961年,87岁。在北京逝世,遗体用专列运回集美鳌园安葬。

弘扬嘉庚精神　培养诚毅品格

【讨论题】

组织学生参观陈嘉庚纪念馆、陈嘉庚故居等,结合学习《陈嘉庚年表》内容讨论：

1.根据年表内容,你认为陈嘉庚是一个怎样的人？

2.陈嘉庚一生做了哪些大事？

【知识点-2】

陈嘉庚纪念馆

陈嘉庚纪念馆及配套的嘉庚文化广场,位于嘉庚公园北门以东外填海处,总占地面积104484平方米,建筑面积11000.5平方米。建筑主体秉承独具特色的闽南建筑风格,与集美鳌园、嘉庚公园和谐统一,交相辉映,构成一个较为完整的旅游纪念胜地。

陈嘉庚纪念馆主体建筑三层,一层包括行政办公区、文物库房区、图书资料室、报告厅及1000平方米的临时展厅。二、三层由一个序厅和四个陈列厅组成。

一厅内容:陈嘉庚生平大事记。

以十年为一个自然段,记录了陈嘉庚有代表性的事件,并配有他不同时期的照片。

二厅内容:倾资兴学 情系乡国

以三个单元集中反映陈嘉庚在海内外倾资兴学的教育实践、教育思想与不朽贡献。

三厅内容:纾难救国 民族之光

包括"统领南侨 共赴国难""洞察是非 公忠谋国""回国参政 华侨旗帜"三个单元。

四厅内容:在陈嘉庚身边——嘉庚现象 诚毅同行

这个专题展是主题展览的进一步丰富和深化,反映嘉庚精神对同时代人及后人的巨大影响。

陈嘉庚故居与归来堂

陈嘉庚故居是一座古老而简朴的二层小楼,建于1918年,1938年被日本帝国主义的飞机炸毁,1955年修复,1980年重修。二楼正中是会客厅,西侧是陈嘉庚晚年的工作室、卧室、餐室和卫生间,陈设简单,朴实无华。室内陈列陈旧的桌椅、木床,打着补丁的蚊帐,破旧的毛背心,包头铁皮已经裂开的手杖,补了又补的雨伞等,都是陈嘉庚生前一直使用的。

故居园中矗立着通高2.9米的陈嘉庚全身铜像。

故居南面有一座"归来堂"。建归来堂是陈嘉庚生前的愿望,其目的是让海外亲人归国时有个聚会的地方。周恩来总理在陈嘉庚逝世后知道这一情况后,认为此事很重要,指示要实现陈嘉庚的意愿,以作永久纪念。1962年陈嘉庚逝世一周年前"归来堂"落成,其建筑面积4000多平方米,建筑主体是富有民族特色的宫殿式大厅堂。

大厅里有一座折式黑色屏风,上用蚌壳镶写着1961年8月15日首都各界公祭陈嘉庚大会的悼词。厅堂中央安放着陈嘉庚的全身坐式青石雕像,两侧圆柱上挂着郭沫若1962年游集美时书写的对联:"鳌园博物大观百闻不如一见,鹭江集美中学万人共仰千秋。"

十几间厢房环绕着大厅,有供海外亲人归来使用的饮食起居设备。

第二课　陈嘉庚年表

陈嘉庚先生故居

归来堂

（陈嘉庚纪念馆提供）

19

弘扬嘉庚精神　培养诚毅品格

第三课　陈嘉庚之艰苦创业

> 有坚强之精神，而后有伟大之事业。
>
> ——陈嘉庚

　　陈嘉庚出生在福建同安县集美村，因为当时贫穷落后，有很多人远赴南洋讨生活，这里便成了著名的侨乡。

　　陈嘉庚的家庭，也是一个华侨世家。他出生的时候，父亲正在新加坡，经营着米店和一家小厂。他从小由母亲独自抚养长大。

　　闽南一带，曾有过光辉的历史，集美村也有郑成功的"国姓寨""国姓井"。从民族英雄郑成功到虎门销烟的林则徐，老一辈人陈述的故事在小嘉庚的心里留下十分深刻的印象，使他从小就敬仰这些爱国英雄，渴望早日能够像英雄那样报效祖国。

一、学习经营

　　1890年，陈嘉庚已经17岁了，父亲要他到新加坡见见世面。于

是他离开了故乡、离开了慈母,独身前往南洋。虽然都市的繁华十分诱人,但他却不为诱惑所动,老老实实地待在店里,跟着老伙计学习店铺管理知识,很快就成了父亲的左右手。

1898年,母亲病逝,闻听噩耗的陈嘉庚立即回乡奔丧。出发之前,他将自己经管的账务移交给他的族叔。当时他父亲各项经营都很顺利,拥有资产约35万元(新加坡币,以下同)。可是当守完三年母丧的陈嘉庚于1903年回到新加坡时,却发现曾经兴隆的米店已经门庭冷落,负债达30多万元。原来是他同父异母兄弟经营不善,导致米店负债累累,面临破产的边缘。

新加坡的法律中没有规定子偿父债的条款内容。陈嘉庚当时身无分文,也无法偿还父债。深受儒家孝道意识影响的陈嘉庚,没有利用当地的法律躲避父亲的债务,而是毅然接过米店这个烂摊子,承担了父亲的债务。

二、自主创业

1904年春天,由于米店歇业,陈嘉庚便开始自立门户。从此这个年仅31岁的企业家开始自己独立的商业之旅,走上了创业的道路。

(一)"菠萝罐头之王"

陈嘉庚总结吸取父亲经营实业的经验教训,善于审时度势,权衡利弊,因地制宜地经营企业。通过考察,陈嘉庚发现当地菠萝罐头很畅销,罐头厂建厂周期短,所需资金不多,很切合他当时的境况。于是他决定借7000元建"新利川黄梨厂",生产菠萝罐头,并注册为"苏丹",意思是要办成"菠萝罐头之王"。

建厂过程中他是精打细算,一省再省。罐头厂建成后,新菠萝一上市就开工生产。由于陈嘉庚精心经营,罐头厂运作良好,核算下来1905年净获利9000余元,收回建厂投资后略有盈余。

随着当地菠萝罐头生产规模的扩大,菠萝原料的供应日趋紧张。为了解决菠萝原料问题,陈嘉庚颇有远见地在罐头厂附近购买一块500英亩的空芭地,命名为"福山园",用来种植菠萝。过了两年后,"福山园"所产的菠萝可生产2万多箱的菠萝罐头,为后来罐头业的发展打下良好基础。

然而1906年夏季,菠萝罐头行情大跌,扣除"福山园"的买地款后,当年度仅盈利1万元。这次市场行情的变化使陈嘉庚意识到商场如战场,仅靠经营一种产品是不行的,他要寻找新的发展项目。

一个偶然机会,陈嘉庚得到一个橡胶商人要卖掉橡胶园的信息,他意识到这是一个发展机会。他联系上这个商人,向其买了18万粒橡胶种子,在"福山园"的菠萝之间套种橡胶树。这成为陈嘉庚经营橡胶业的开端。

1904—1911年,是陈嘉庚独立创业的头七年。他在经营中兢兢业业,胆大心细,不仅能信守承诺偿还父债,还因其菠萝罐头产量达到全新加坡总产量的一半而赢得"菠萝苏丹"的美称。这时他已发展成拥有两处橡胶园、四家菠萝罐头厂、两家米厂(店),共获利73万元的、有实力的华侨实业家。

(二)发展航运

然而商场风云突变,1914年秋,正当菠萝罐头生产旺季到来之际,第一次世界大战爆发,欧洲各国限制菠萝罐头进口。陈嘉庚的菠萝罐头厂遭受沉重打击,积存了几万箱罐头无法售出。同时由于商

船在东印度洋受到德国军舰的攻击,航运几乎全部停止,陈嘉庚米厂的仓库里堆积了1万袋的大米。菠萝罐头和大米的积压导致资金流转困难,工厂租金逾期不能支付,工人生活费又不能拖欠,陈嘉庚一时陷入窘迫的境地。

1914年冬天,陈嘉庚设法把积压的罐头和大米售出后,决定经营航运业。他先是靠租船运输,分别租下1300吨"万通"号和2500吨"万达"号轮船,把市场需求量很大的大米运到印度销售。不久因市场扩大又添置了两艘轮船,专门承接英国政府的货物。

由于陈嘉庚善于审时度势,改变经营策略,赢得可观的利润,仅一年时间就盈利20多万元。后来他又购进多艘轮船租给法国政府,这样不仅省事而且规避风险,也获利不少。

(三)"橡胶王国"

1916年,陈嘉庚创业又有重大举措。当时欧洲多国相互厮杀,给美国提供了难得的发展机会,而汽车制造业的长足发展,刺激了橡胶制品的需求,使马来亚的橡胶业一跃成为支柱产业,橡胶制品产量居世界第一。马来亚成了全世界的"橡胶王国"。陈嘉庚此前对橡胶业的投资终于有了回报,他被公认为马来亚橡胶王国的"四大功臣"之一而载入史册。

此后两年,陈嘉庚把事业重心逐渐转移到橡胶业上,先后把罐头厂和熟米厂改为专制胶布的"谦益"橡胶厂,实现了橡胶经营从单一的农业种植到工业制造的飞跃。接着他把广告做到美国,把橡胶厂一大半产品直接销售到美国,将橡胶的农、工、贸集于一身,实现第二次飞跃。

第一次世界大战后,陈嘉庚意识到航运业的危险性和暂时性,没

有继续运营,而是继续扩展自己的"橡胶王国"。

(四)"亚洲最大的公司"

面对橡胶业日趋激烈的市场竞争,陈嘉庚通过自我调整实现第三次飞跃:扩充"谦益"橡胶厂的规模,把粗加工的生胶厂改为深加工的橡胶熟品厂,退出以前投资入股的三家橡胶公司,自己组建陈嘉庚橡胶总公司。

1922年世界经济出现萧条,橡胶价格连续三年下滑,许多小规模橡胶厂被迫停产。这时陈嘉庚公司虎气十足,在马来亚各地考察后,陈嘉庚一下子买下九家橡胶厂。1924年,陈嘉庚在马来亚和印尼设了10多家橡胶分店,在其他地方设分店或办事机构,使橡胶事业达到巅峰,被英国大臣称为"亚洲最大的公司"。

经过20年的发展,到1925年底陈嘉庚已拥有15000英亩的橡胶园,是当地华侨中最大的树胶种植者。他开设橡胶产品的制造厂,生产胶鞋、轮胎等产品。他的销售网点遍布东南亚各大城市以及香港、上海、厦门、广州等地。仅3年他获利1070万元左右,雇佣员工数万人,其经济实力称雄整个马来亚。

【讨论题】

1.根据陈嘉庚的创业经历,你如何理解陈嘉庚的创业成功经验?
2.了解陈嘉庚创业经历后你对"创业"有何新的认识?

【知识点-3】

陈嘉庚创业成功之道

自1904年起,陈嘉庚自主经营,至1925年鼎盛时期,前后仅用21年时间增值1700倍,从一名不起眼的侨商,发展成为赫赫有名的"千万富翁";从一个普通小业主,一跃成为名震海内外的"橡胶大王"。

究其原因,主要是陈嘉庚本人敢想敢干,多谋善断,目光远大,胆识过人。他不仅具有非凡的经商才能,强烈的爱国意识,还有在商场上指挥若定的大将风度,对经营之道往往有独到之处。

具体地讲,陈嘉庚经营企业的经验有以下几点:

1.宣扬一个"诚"字,即忠诚于祖国,服务于社会。他把企业对国家社会的"诚"和员工对企业的"诚"联系起来,以爱国、爱社会的价值观启迪职工对企业的忠诚。

2.强调一个"信"字,即把"信"作为信守不渝的基本原则,他着重抓两个环节:一是生产品质优良的商品,这是取信于顾客的物质基础。二是开展文明礼貌服务,这是取信于顾客的精神保证。

3.提倡一个"果"字,即在竞争中要敢于冒风险,果断决策,快速行动,充分掌握经营的主导权。

4.提出一个"毅"字,即坚定不移地走自己的路,面对挫折不灰心,不动摇,刚毅不屈,百折不挠,坚持到底。

弘扬嘉庚精神　培养诚毅品格

陈嘉庚公司总管理处故址

26

第三课　陈嘉庚之艰苦创业

陈嘉庚公司广告

陈嘉庚公司厂房

（陈嘉庚纪念馆提供）

27

第四课　陈嘉庚之倾资兴学

> 教育为立国之本，兴学乃国民天职。
> ——陈嘉庚

　　陈嘉庚认为振兴工商业的目的在报国，而报国的关键在提供教育。他说："民智不开，民心不齐，启迪民智，有助于革命，有助于救国，其理甚明。教育是千秋万代的事业，是提高国民文化水平的根本措施，不管什么时候都需要。"

一、兴学动机

　　陈嘉庚致富后首先想到的是兴学报国。他说："国家之富强，全在于国民，国民之发展，全在于教育，教育是立国之本。"他"立志一生所获的财利，概为教育"。

　　陈嘉庚兴学的动机和爱国情怀，可以从他在1918年《致集美学校诸生书》中得到反映："教育不振则实业不兴，国民之生计日绌，

……吾国今处列强肘腋之下,成败存亡千钧一发,自非急起力追难逃天演之淘汰。鄙人所以奔走海外,茹苦含辛数十年,身家性命之利害得失,举不足撄吾念虑,独于兴学一事,不惜牺牲金钱殚竭心力而为之,唯日孜孜无敢逸豫者,正为此耳。"(录自《陈嘉庚先生纪念册》)

二、办学经历

陈嘉庚办学始于19世纪末,兴盛于20世纪20年代。

(一)在家乡办学

1894年,他20岁时就捐献2000块银元,在家乡创办"惕斋学塾",供本族贫寒子弟入学就读。

1913年,陈嘉庚在家乡创办集美小学。

1918年,创办集美师范和集美中学。

1920年2月,在自己创办的集美学校开办水产航海教育。1920年8月,在集美学校开办商科。

1921年2月,在集美学校设立女子师范部。

1921年2月23日,确定"福建私立集美学校"为总校名,内分师范、中实(包括中学、水产航海科、商科)、女师、小学、幼稚园五个部。学校先后设置系列公共设施,包括集美医院、集美图书馆和科学馆等。

1925年,集美学校开设农林部。

1926年,集美学校开设国学专门部。

1927年,集美学校设立幼稚师范。

此外,他还资助福建省各地中小学70余所,并提供办学方面的指导。

(二)在新加坡办学

陈嘉庚对于当地华侨子女的教育也非常热心。1919年他创办了规模宏大的"新加坡南洋华侨中学",是当时南洋地区华侨的最高学府。在抗日战争结束后,他又创办水产航海学校、南侨师范和南侨女中等学校。当时有教会请陈嘉庚捐款10万元创办一所大学,陈嘉庚慨然答应,但提出要以兼设中文课程为条件。

(三)创办厦门大学

1921年陈嘉庚认捐开办费100万元,常年经费300万元(分12年付款),创办了厦门大学,有文、理、法、商、教育等五个学院17个系。厦门大学是近代中国教育史上第一所华侨创办的大学。

厦门大学于1921年4月6日开学,由陈嘉庚独力维持了17年。后因世界经济不景气严重打击华侨企业,陈嘉庚的企业也陷入困境,但他仍坚持提供学校的办学经费。他说过:"宁可变卖大厦,也要支持厦大。"

(四)倾资兴学

陈嘉庚倾资兴学,在企业兴盛时期慷慨解囊;在经营的企业收盘后,仍多方筹措校费,艰苦支撑,百折不挠。有人估计,他一生用于办学的款项,达美金一亿元以上。陈嘉庚也希望有志之士,闻风继起,振我中华。在他的倡导下,许多华侨纷纷捐资兴学,蔚然成风,影响极为深远。

1926年,陈嘉庚为了维持集美学校和厦门大学的办学经费,不惜贱卖了橡胶园。

1929年,爆发世界经济危机,使新加坡、马来亚的橡胶业出现萧条,但陈嘉庚坚持向集美学校和厦门大学提供90万元的办学经费。

当时陈嘉庚公司积欠银行债款近400万元,公司资产仅为200万元,已是资不抵债。以英国汇丰银行为首的债权银行要求陈嘉庚停止对集美学校和厦门大学的经费支持,被陈嘉庚断然拒绝。他认为学校办起来了,就要维持下去。一旦学校关门,不仅耽误少年前途,而且对社会影响不好,罪就大了。如果因为负担学校经费导致生意失败,只是个人事业的荣枯。

1961年,陈嘉庚弥留之际,嘱咐"把集美学校办下去",并把遗产300万元(人民币)全部献给国家。

(五)抗战中坚持办学

1938年5月10日厦门沦陷,日军对集美学村进行疯狂轰炸。为保护青年才俊,校方决定将集美学村的师生分散迁往内地。其中集美高级职业学校、集美高级水产航海职业学校、集美高级农业职业学校共14个班级合并成"福建私立集美职业学校",先是辗转至安溪,后于当年12月定址大田玉田村。

在玉田村乡贤和村民的帮助下,集美职校师生把43座祠庙和民宅改建成洁净的教室、办公室、图书馆、膳厅、宿舍和医院,把水塘填平整理成操场,又疏通水沟,整修道路,种植花草树木,玉田村俨然成了"第二集美学村"。其中,集美水产航海职业学校成为抗战期间全国唯一没有停办航海专业的学校。

1940年陈嘉庚完成率领南侨总会慰劳团回国慰劳的任务后,到达安溪看望集美师生。他深情地对师生说:"日夜无不想念着能够回来,看看学校。"他看到集美学校在战火中弦歌不辍,"觉得非常欣

慰"。他充满信心地说:"抗战胜利属于我们,这是一万分之一万的肯定。""我相信,在不久的将来,我们就要得到胜利,我们一定可以回到我们的集美去!"他希望大家把救国的责任扛在自己的肩膀上。

三、教育思想

陈嘉庚不仅是一个教育事业家,而且不愧为一个教育思想家。在长期办学的实践中,他形成了独具特色的教育思想。

(一)提倡女子教育

陈嘉庚提倡女子教育,反对重男轻女。他大力倡办女子学校,让女子能上学。这在当时的历史条件下,开了风气之先,是难能可贵的。

(二)反对办学分贫富

陈嘉庚强调优待贫寒子弟,奖励师范生。他反对办学分贫富,尽力帮助贫寒子弟上学。同时,他非常注意师范生的培养,严格选择和物色师资人才,对于好的学生加以奖励。

(三)注重全面发展

陈嘉庚讲究教学质量,注重全面发展。陈嘉庚在办学过程中强调学生的爱国主义教育和全面发展,要求"知识、思想、能力、品格、实验、体育、园艺、音乐以及其他课外活动,均应注意与正课相辅相成"。

(四)强调教师主导作用

陈嘉庚主张"没有好教师,就没有好学校",强调教师在学校的主

导地位,认为要提高教学质量,很重要的一条,就是"要选好教师"。

(五)要求普及教育

在20世纪初叶,陈嘉庚就提出普及教育的要求,并订下同安"十年普及教育计划",设立同安教育会和教育推广部。

(六)职业教育思想

陈嘉庚在注重中小学基础教育的同时,重视发展中等职业教育,并在办学过程中形成比较成熟的职业教育思想体系。

1.职业教育要适应国家建设需要的思想

陈嘉庚通过社会调查,看到农村急需大量师资,在集美最先办的中专学校就是师范。他针对国家幅员辽阔、海岸线长,然而航运业却很落后的情况,在集美学校创办水产航运学校。他看到社会急需工商人才,就在集美学校创办商科。他看到本省缺乏农林学校,就创办农林部。开办师范学校也是社会需要什么师资,他就办什么师范学校。他先后创办了师范讲习科、五年制师范、四年制师范、三年制师范、女子师范、幼稚师范等不同类别的师范学校。

陈嘉庚在20世纪20年代就有适应国家建设需要发展职业教育的思想,是相当先进的教育思想。

2.重视校风建设的思想

陈嘉庚说:"我认为学习环境,最重要的还是要有良好的学风。"他一贯重视校风建设,营造良好的学习氛围和育人环境。他聘请名师,为学生树立刻苦学习、立志成才、报效祖国的楷模。他亲自制定"诚毅"校训,作为师生思想道德修养的标准。他倡导艰苦朴素、勤俭节约、热爱劳动的良好风气。他重视学校制度建设,制定了一整套学

校规章制度,要求师生共同遵守。

3.强调知行一致的思想

陈嘉庚在创办职业学校的过程中强调理论与实践相结合的教学原则,力主职业学校要贯彻知行一致的教学原则。

为此,他为学校提供充足的仪器设备、实验室和实习场所,乃至斥巨资购买实习船舰。他为水产科建立水产养殖场、水族馆和渔具实习场。他为商科开办实习银行和消费公社,其低级职员由学生轮流担任,学生学习的最后一学期到陈嘉庚公司在各地的分公司、办事处实习。他创办农林学校时,专门开设了实习用的农林场及加工厂,开办轻工业学校时办起了实习盐场等。

陈嘉庚重视实践教学的直接成效是毕业生的动手能力、实际操作能力和独立工作能力都特别强。

【讨论题】

1.陈嘉庚为什么要倾资办学?

2.陈嘉庚认为办教育是"尽国民之天职",对此你有什么看法?

3.陈嘉庚为什么要创办职业教育?其职业教育的指导思想是什么?

【知识点-4】

陈嘉庚倾资办学的历史丰碑

长期大规模的投资办学活动耗尽了陈嘉庚的巨额钱财和毕生心血,也铸就了一座倾资办学的丰碑。据不完全统计,陈嘉庚一生创办学校达118所之多。

黄炎培先生说过:"发了财的人,而肯拿出来的,只有陈先生。"陈嘉庚一生办学支出个人经费,以1980年的国际汇率计算,相当于1亿多美元。

在承担集美学校和厦门大学两校庞大经费开支的同时,陈嘉庚还支持同安县创办40多所小学。至1935年先后补助福建省20个县市的73所中小学,金额补助达190多万银元。在侨居地新加坡竭力提倡华文教育,先后创办崇福学校和南洋华侨学校。

陈嘉庚创办和资助的学校培养了数以万计的各种人才。据统计,仅1913年至1949年,集美学校的毕业生就达8000多人。厦门大学培养了一大批政治家、社会活动家、科学家、企业家和艺术家等。

陈嘉庚倾资办学,从不沽名钓誉,也反对别人为自己歌功颂德。厦门大学新校舍落成时,有人建议主楼用陈嘉庚或胞弟陈敬贤的名字命名,他极力反对。

华侨回乡大规模倾资办学,陈嘉庚是第一人。在他的精神和事迹的感召下,许多华侨纷纷回乡捐资办学,蔚然成风,影响极为深远。

在陈嘉庚的倡导和影响下,东南亚各地侨办学校如雨后春笋般发展起来,而且办学层次不断提升,有力推动了华侨教育事业的发展。

弘扬嘉庚精神　培养诚毅品格

集美学校道南楼和南薰楼

厦门大学

（陈嘉庚纪念馆提供）

第五课　陈嘉庚之爱国情怀

> 事实证明：只有社会主义才能使国家富强，使人民幸福。
>
> ——陈嘉庚

陈毅元帅评价陈嘉庚："作为一个华侨来说，他是杰出的爱国主义者。"

陈嘉庚热爱祖国，倾心家乡发展，尤其重视文化教育事业。他的一生将几乎所有财产全部投入到教育事业。有人曾经问他，为什么要倾资办学？他说："教育为立国之本，兴学乃国民天职"；"我要为国家为人民而奋斗"。

习近平总书记在陈嘉庚诞辰140周年时，曾回信集美校友总会明确指出，陈嘉庚"以国家为重、以民族为重的品格，关心祖国建设、倾心教育事业的诚心，永远值得学习"。这些话，充分肯定了陈嘉庚的爱国主义情怀。

一、信念坚定　矢志不移

陈嘉庚以自己毕生的行动,诠释了海外赤子对"爱国"一词的深刻理解。国而忘家、公而忘私,是中华民族的传统精神文化,陈嘉庚极好地践行了这种精神文化。他的爱国思想在不同时期有着不同的表现,但其本质属性从未改变,那就是对外坚守民族气节,对内致力民族复兴,一切以国家为重、以民族为重。

(一)祖国需要时挺身而出

在祖国最需要时挺身而出,是陈嘉庚始终恪守的原则。

辛亥革命前,在孙中山先生和民主革命思潮影响下,陈嘉庚于1910年加入同盟会,宣布与清政府断绝关系,积极筹款支持孙中山推翻清朝的斗争。

全面抗战爆发后,南洋各地华侨代表组织成立"南洋华侨筹赈祖国难民总会",陈嘉庚被推选为主席。他带头捐款捐物,策划组织,使"南侨总会"在短短三年多的时间里为祖国筹得折合4亿余元法币的款项。据统计,抗战中为祖国捐款的华侨有400多万人,占当时全世界华侨人口的一半左右。1937年全面抗战以来,三分之一的军费来自华侨捐款,在财力、物力、人力上极大地支持了祖国抗战。

1940年回国考察后,陈嘉庚转而把中国革命与民族复兴的希望寄托在中国共产党身上,不畏国民党的打压,利用一切机会宣传自己在延安的所见所闻和政治主张。新中国成立前夕,他应中共中央主席毛泽东之邀,抱着"凡事只要以国家利益、人民利益为依归,个人成败应在所不计"的信念,回归祖国,为国家、民族的建设事业,发挥了重要历史作用。

陈嘉庚在这些关键时刻的历史抉择,充分体现了中华民族"苟利国家生死以,岂因祸福避趋之"的民族精神。

(二)坚守民族气节

坚守民族气节,是陈嘉庚最突出的性格特征。

1928年,由于坚持宣传抵制日货,陈嘉庚的胶品制造厂被人焚毁,遭受重大损失。紧接着,资本主义世界爆发了空前严重的经济危机,加上办学投入过多,陈嘉庚的企业经营每况愈下,资金周转紧张。在这种情况下,有英国商人要以包销为条件订购他的商品。虽然这笔生意利润可观,翻身可望,但他认为受其钳制必无前途,遂决定企业全部"收盘不干",宁可"商业完全失败",也不愿受制于人。

抗日战争期间,他对汪精卫的"曲线救国"论极为愤慨,把这位昔日旧友比作卖国贼秦桧,并向国民参政会提出了被称为"古今中外最伟大的一个提案",即"在敌寇未退出国土以前,公务人员任何人谈和平条件者当以汉奸国贼论"。此案一出,国人精神为之一振。

1939年,他应国内之请代为招募3200余位华侨机工,组建"南洋华侨机工队",在新开辟的滇缅公路上抢运中国抗战所急需的战略物资,为抗战做出重要贡献。

(三)毁家兴学

倾资兴学,是陈嘉庚一生坚持的事业。毁家兴学,则是他救国救乡的豪迈之举。

他认为,为使国家避免覆亡厄运,就必须发愤图强、振兴教育、启迪民智、改革政治。因此,他义无反顾地投入教育事业,"不惜牺牲金钱,竭心殚力而为之"。在经商顺利、资金充裕时他慷慨解囊;在受到

打压、公司关门的困境中,他依然坚持"宁使企业收盘,绝不停办学校"。

新中国成立后,办学条件有了充分保障,他仍然放心不下学校事务,婉拒周恩来总理要他定居北京的建议,把大量精力放在亲自督办校舍扩建、设备补充上。

陈嘉庚去世之前,仍念念不忘"最紧要的是国家前途",要求集美学校一定要继续办下去。

用一生的时间不计代价地做一件事,对陈嘉庚来说,其内在的精神动力,就是强烈的爱国情怀和忧患意识,就是改造社会、振兴国家的宏伟理想。

二、高瞻远瞩　与时俱进

陈嘉庚一生"为国家为人民而奋斗"。他对历史、对社会发展大势,往往有极高明的认识及判断。这种判断,来自于他丰富的人生阅历,更来自于他以祖国前途为己任的历史担当,还来自于他对正义事业的矢志追求。

(一)"祖国做靠山"

作为一名成功商人,有人曾向陈嘉庚请教经商经验。他给出两个建议,一要有祖国做靠山,二要有经济的眼光和政治的眼光。在陈嘉庚的心目中,经营工商业的前提条件是"祖国做靠山"。他把经商作为从事社会事业的一种手段,认为自己的最终目的不是赚钱,而是为了"取诸社会,用诸社会"。

（二）识大体，顾大局

国家的独立、民主、富强，是陈嘉庚最大的理想与信念。为此，他于1910年加入同盟会，与清政府划清界限，拥护孙中山的革命事业。日本侵略中国的野心日渐显露后，他在1928年即发起抵制日货运动，后来又支持国民政府，高举抗日旗帜，为祖国抗战大业奔走疾呼，殚精竭虑。1940年，他为了解国内抗战的实际情况，亲自赴延安考察，最终得出"中国的希望在延安"的结论。

我们不难看出，不同时期他的政治立场、政治态度虽然几经改变，但决定这些改变的标准只有一个，那就是国家利益。追随孙中山先生，是为了推翻清政府，实现资产阶级民主。坚持抗战救亡，是为了祖国的独立、民族的解放；支持中国共产党，是为了赢得抗战最后胜利，实现政治清明。对这些历史"关节点"的准确把握，充分体现了陈嘉庚高瞻远瞩的政治眼光和历史洞察力。

陈嘉庚善于观大局、识大势，却从不利用这一点为个人谋私利。舍利取义是他坚守的人生信条。在明知削减办学经费就能使企业渡过难关、东山再起的情况下，他仍然坚持把维持学校费用放在第一位，把"个人之荣枯"置之度外。

在国共两党军力、财力对比悬殊的情况下，他坚持从道义良知出发，对国民党的威逼利诱不为所动，没有违心为他们说好话，而是决定"凭余人格与良心，决不指鹿为马"，如实向外界讲述延安故事。

三、紧跟革命　追求进步

陈嘉庚早年即怀有报国之志，曾经尝试过各种救国途径，教育救国、实业救国，乃至直接支持辛亥革命和国民政府抗战，然而却屡遭

挫折，倍感失望。他深感"对国事忧虑悲观，无时或已"。

在对延安作实地考察之后，他一扫胸中抑郁之气，感到豁然开朗，从此决定了救国报国的方向。当时，陈嘉庚已经66岁，但晚年的这次历史性转折，却使他的爱国情怀进一步升华。

1949年至1950年，他到全国14个省40多个城市参观，认真思考，回来后写下《新中国观感集》一书，认为"中国得救了，一个强大的新中国已经出现"，在毛主席领导下，中国"定可与列强并驾！"豪迈之情，跃然纸上。

1955年，他以82岁高龄再次出行，行程万里，到16个省55个工厂、企业考察，回来后又撰写了题为《伟大祖国的伟大建设》的长文，热情洋溢地指出，"我的总观感是：毛主席领导全国人民做我们前人从没有做过极其光荣的伟大的事业，已经取得了重大成就。事实证明：只有社会主义才能使国家富强，使人民幸福。"

从此，陈嘉庚为之奋斗终生的爱国救国事业，就与社会主义祖国的繁荣昌盛紧密联系在一起。

四、关心台湾　心系统一

台湾问题涉及国家主权和领土完整，关系国家统一和民族安危，在陈嘉庚的心目中占据重要位置。

1950年，陈嘉庚在建设鳌园时，特地请人在纪念碑前的"博物观"照壁石屏正中刻录5幅地图，上面一幅是"世界地图"，其下面并列四幅地图，即"中华人民共和国地图"、"福建省全图"、"台湾省全图"及"同安县全图"，并在图中刻下亲撰的《台湾史略》。《台湾史略》第一句话写道："台湾为我国东南一大岛，唐宋闽粤人民逐渐移植，构成该岛大部分之居民。"他相信不久终归"恢复领土完整"。

朝鲜战争爆发后，美国第七舰队进入台湾海峡，阻挠中国人民统一事业。针对美国的侵略行径，1950年7月4日，陈嘉庚通过《福建日报》发表谈话，明确表示台湾是中国的领土，绝不允许外国干涉。此后，他又发表一系列对记者的谈话和声明，发表接见华侨的谈话等，一再阐明台湾是中国的领土，绝不容许外国侵占或干涉，并号召华侨为台湾回归祖国的统一大业贡献力量。

祖国统一是陈嘉庚临终遗嘱的第一件大事，他最后的遗言是"我们应尽早解放台湾，台湾必须归中国"。他相信他的这个愿望一定要实现，一定会实现。这就是陈嘉庚先生为什么在"鳌园"刻录的地图中刻下"台湾省全图"的最重要原因。

五、赤诚爱国　参政议政

新中国成立后，陈嘉庚积极参政议政。1949年1月20日他接到毛主席邀请回国共商国是的电报，于2月8日回电应允，并积极做回国的准备。

1949年5月，陈嘉庚从新加坡乘船回国，于6月3日抵达解放区天津，第二天乘火车抵京，接受毛主席、周总理的邀请，决心参加新政协筹备会，共商建国大事。

在新政协筹备工作中，陈嘉庚作为华侨首席代表和侨界召集人，参与讨论拟定国旗、国歌、国徽和国都所在地方案。

1949年9月30日，陈嘉庚被推举为中国人民政治协商会议第一届全国委员会常务委员。10月1日参加中华人民共和国中央人民政府成立典礼。10月2日，陈嘉庚出席中国保卫世界和平大会成立大会，任主席团成员。

1950年5月21日，陈嘉庚离开新加坡，回国定居。陈嘉庚回国

后积极参政议政,拥护中国共产党的领导,支持新中国的内外政策,与中国共产党肝胆相照、荣辱与共。

在全国政协第一届全体会议上,积极参与《中华人民共和国政治协商会议共同纲领》等重要文件的制定。在全国政协第一届会议上,发言拥护《土地改革法》。在1953年2月全国政协一届四次会议上发言赞扬祖国三年经济恢复时期的伟大成就。1954年6月在中央人民政府委员会第30次会议上表示拥护《中华人民共和国宪法(草案)》。

1954年9月当选为第一届全国人大常务委员,12月当选为第二届全国政协副主席。

陈嘉庚于1953年2月全国政协一届四次会议上提出修建连通厦门—集美海堤的议案。他根据到祖国各地视察的情况于1955年12月发表《伟大祖国的伟大成就》。1956年6月,在全国人大一届三次会议上对修建鹰厦铁路建言献策。

【讨论题】

1. 南侨总会在抗日时期为祖国做了哪些贡献?
2. 陈嘉庚最著名的提案是什么?你如何理解?
3. 陈嘉庚为什么说他创业成功的原因是"有祖国做靠山"?
4. 陈嘉庚为什么说"中国的希望在延安"?
5. 陈嘉庚说:"台湾必须归中国",你如何理解这句话?

【知识点-5】

南侨总会

抗战爆发,新加坡、马来亚"筹赈会""缅甸华侨救灾总会""菲律宾华侨援助抗敌委员会""印尼华侨救济祖国灾民慈善委员会"等抗日救亡团体相继成立。为了将南洋各地的人力、物力集中起来支持祖国抗战,印尼侨领庄西言和菲律宾侨领李清泉联名写信给陈嘉庚,建议成立南洋华侨抗日救亡的最高组织。陈嘉庚完全赞同,并主动领导了筹组工作。1938年1月10日,"南洋华侨筹赈祖国难民总会"(简称"南侨总会")在新加坡成立,陈嘉庚被公推为主席。

向华侨募捐、支援抗战,是南侨总会的首要任务。当时南侨总会的口号是"有钱出钱,有力出力",号召南洋华侨"各尽所能,各竭所有,自策自鞭,自勉自励,踊跃慷慨,贡献于国家。"陈嘉庚带头每月认捐2000元,带头购买救国公债10万元。南侨总会的其他负责人也都踊跃认捐。

出钱出力的不仅有富裕的华侨领袖,而且遍及店员、工人、教师等各个阶层。据国民政府财政部统计,华侨自1937年至1945年,八年中捐款共达13亿多元(国币),平均每年1亿6000多万元。其中南洋华侨捐献比重最大,有力支援了祖国抗战。

陈嘉庚以南侨总会名义发出"六号通告",动员技术熟练的华侨司机和修理汽车的工人(简称"机工")3200多人回国运送抗战物资,为支援祖国抗战做出巨大贡献。

弘扬嘉庚精神　培养诚毅品格

南侨总会成立大会会场

南洋華僑籌賑祖國難民總會第六號通告（徵募汽車修機駛機人員回國服務）

為通告事，本總會頃接祖國電委徵募汽車之修理人員及司機人員囘國服務，（一修機者按數十人）凡吾僑具此技能之一，志願囘國以盡其國民天職者，可向各處華僑籌賑會或分支各會接洽，並注意下列各條方可：

(一)熟悉駕駛技術，有當地政府准證，識文字，體魄健全，無不良嗜好（尤其不喀酒者）年齡在四十以下二十以上者，起，如駛機及修機熟長者可以酌加，須薪金每月國幣三十元，均由下船之日算在工作時，密其技術而定。

(二)國內服務之地，均在雲南昆明，或廣西龍州等處，概由安南入口，旅費則由各地籌賑會發給。

(三)凡應徵者，須有該地之人或商店介紹，知其確具有愛國志願者方合。

(四)本總會經函達各地籌賑會負責徵募，各籌賑會如經徵取考驗合格者，計有若干人數，須即列報本總會，至應募者前往安南路程，如能由所在地籌賑會辦妥手續，直接出發固妙，否則可由本總會設法辦理。

專關祖國復興大業，迫切注意辦理是要，此佈。

中華民國廿八年二月七日

南侨总会通告，号召机工前往中国服务

（陈嘉庚纪念馆提供）

延安各界欢迎陈嘉庚

陈嘉庚参与审定国旗、国徽与国歌（1949年）

（陈嘉庚纪念馆提供）

弘扬嘉庚精神　培养诚毅品格

第二单元

诚毅品格藏心中

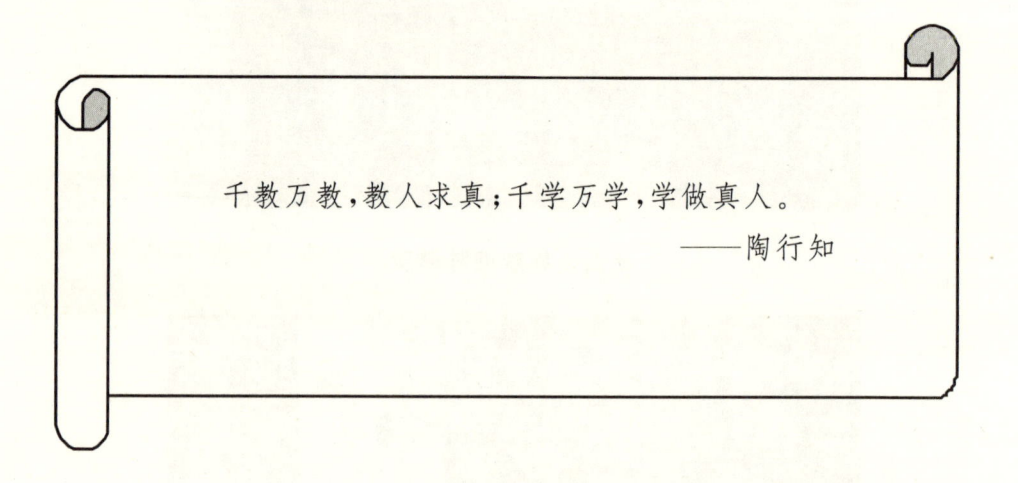

> 千教万教,教人求真;千学万学,学做真人。
> ——陶行知

"诚毅",是陈嘉庚和胞弟陈敬贤1918年为集美学校确定的校训。

"诚毅",简单来说,就是"诚信"加"毅力"。但它不是两个词组内容的简单叠加,而是陈嘉庚昆仲精神追求和人格特征的概括,表现了他们对中国传统文化的深刻领悟,对传统文化精神的科学提炼。本单元内容介绍了"诚毅"校训的由来和内涵,说明了嘉庚先生的"诚毅"优秀品质。

第二单元　诚毅品格藏心中

　　为培养学生的诚毅品格,塑造学生的完美人格,学校确定持久开展"诚毅品格藏心中"活动。本单元内容说明了"活动"的指导思想和活动要求,说明了每月一课和每月一活动的具体安排。

弘扬嘉庚精神　培养诚毅品格

第六课　"诚毅"校训

> 我希望于你们的,只是要你们依照着"诚毅"校训,努力地读书,好好地做人,好好地替国家民族做事。
>
> ——陈嘉庚

"诚毅",是陈嘉庚和胞弟陈敬贤1918年为集美学校确定的校训,用以教育和规范学校师生的言行。

"诚毅"校训的核心,是把国家和民族的利益放在第一位。其作用是教同学们学会如何做人、如何处事。

一、"诚毅"校训的由来

陈嘉庚昆仲制定"诚毅"校训,是经过深思熟虑的。我国先贤大多讲究"树德立言"。他们向先贤学习,经过反复揣摩,以"诚毅"作为集美学校"树德立言"的训词。

集美学校老师在宣讲"诚毅"校训时,通常讲"诚"的含义是:对祖国、对民族要无限忠诚,待人诚心、诚恳、充满人性爱;讲"毅"的含义

是:有坚毅不拔的意志,在校学习知识、思想修养、锻炼体魄都要持之以恒,克服困难,追求进步;出社会工作,要敢于负责,百折不挠,勇往直前。

陈嘉庚在多次讲话中亲自解释校训的意义。他说:"希望诸位要抱着大公无私的精神,凭着'诚毅'二字的校训,努力苦干。"1940年返安溪,在师生欢迎会上又说:"我培养你们,并不想你们替我做什么,我更不愿你们是国家的害虫、寄生虫;我希望于你们的,只是要你们依照着'诚毅'校训,努力读书,好好做人,替国家替民族做事。"他又说:"教育非仅读书识字,而尤以养成德性裨益社会。为人有道德毅力,便是世间上难得的奇才。"

后人对校训有更深层次的诠释,诚者:诚以为国、实事求是、大公无私;毅者,毅以处事、坚强果敢、百折不挠。

二、"诚毅"校训的内涵

"诚毅",简单来说,就是"诚信"加"毅力"。但它不是两个词组内容的简单叠加,而是陈嘉庚昆仲精神追求和人格特征的概括,表现了他们对中国传统文化的深刻领悟,对传统文化精神的科学提炼。

(一)诚

"诚"与"意"相连用而成"诚意",强调诚恳的心意,要求与人相处要态度诚恳,真心实意。

"诚"与"信"相连用而成"诚信",强调两个方面:一是为人处事要真诚实在,二是与人交往要信守承诺。

"诚"是儒家伦理的精髓,是一切善行的前提,是众德之基。儒家认为,"诚"是深植于人内心深处的"善",同时又是确保"善"的必备条

件。没有诚实是不能完成人格修养的,因为离开了诚实,一切美德都成了"伪德",一切"善"都成为"伪善"。

"诚",即诚实、诚信、真诚,是做人的基本要求。校训中的"诚"要求学生拥有诚实守信、襟怀坦荡之品格,对党、对人民、对祖国无限忠诚,做老实人、办老实事、说老实话。

(二)毅

"毅"字有"刚强""勇敢""恒心"等语义要素,其含义:

一是勇敢。孔子将"仁、智、勇"看作是三"大德",即是通达四方的最重要品质。他将"勇"定义为见义而为,他说:"见义不为无勇也",认为无勇气的人是没有道德力量的弱者。

二是战胜困难的毅力。孔子说"士不可以不弘毅,任重而道远。仁以为己任,不亦重乎,死而后已,不亦远乎。"其意思是:实现理想任重而道远,必须付出"死而后已"的毕生奋斗。

三是在事业中持久不懈的恒心。孔子倡导要"博学""笃行",即治学要认真,做事要扎实。他说"人一能之,己百之;人十能之,己千之。"其意思是做事时人家一次十次做好,我定要上百次上千次将其做好。

这里有两重含义:一是说既然自身条件差,就要多下功夫;二是说自己比其他人做事要求更高,要精益求精。

"毅",即刚毅、执着、坚定,是做事的基本准则。校训中的"毅"要求学生在校学习知识、修养品德、锻炼体魄,都要持之以恒,磨砺意志,开拓进取,不屈不挠,执着追求美好的理想。

三、陈嘉庚的"诚毅"品质

陈嘉庚把"诚毅"确定为集美学校校训,自身具有"诚"与"毅"方面的优秀品质。

1.在"诚"方面,作为中华儿女,陈嘉庚赤心为国,以诚报国;作为商人,先生诚信经营,以诚取信于民。他在《南侨回忆录弁言》中写道:"对于轻金钱,重义务,诚信果毅,嫉恶好善,爱乡爱国诸点,尤所服膺向往,而自愧未能达其万一,深愿与国人共勉之也。"

陈嘉庚说:"我毕生以诚信勤俭办教育公益,为社会服务。"他一贯倡导忠于实事、重视信用,要求待人诚恳不欺,不作浮夸虚伪之言,反对武断和不正当的游戏。

1946年,陈嘉庚在一次宣誓典礼上说:"凡人必须诚信,不可视宣誓为具文。"

2.在"毅"方面,陈嘉庚的表现是非凡的,在持续办学,攻讦奸贼,坚信胜利,著书演讲,经营实业等各个方面,其毕生的艰辛历程正是这种毅力的真实写照。

陈嘉庚对"毅"的解释是:提倡肯负责任、做事不中辍、尝试不成仍继续前进、反对自私放任、苟安偷懒、半途而废等。

早在1918年,陈嘉庚就在新加坡说过:"世界无难事,唯在毅力与责任耳。"1934年,在经费极其困难的情况下,他仍然坚定地说:"宁可变卖大厦,也要支持厦大","敌人一边炸,我们一边建;今天被炸毁了,明天再建造起来!"在抗战时期他抱必死之心,长期怀揣毒药,随时准备以身殉国。

陈嘉庚一生奋斗不息,充分体现其死而后已的刚毅与恒心。

【讨论题】

1.陈嘉庚先生为什么要把"诚毅"确定为校训？

2.你如何理解"诚毅"校训的内涵？

【知识点-6】

《福建私立集美学校校歌》歌词

闽海之滨,有我集美乡;

山明兮水秀,胜地冠南疆。

天然位置,惟序与黉(hóng);

英才乐育,蔚为国光。

全国士聚一堂,师中实小共提倡。

春风吹和煦,桃李尽成行。

树人需百年,美哉教泽长。

"诚毅"二字中心藏,

大家勿忘,大家勿忘!

弘扬嘉庚精神　培养诚毅品格

陈嘉庚与胞弟陈敬贤制定的校训

陈嘉庚（右一）与陈敬贤（左一）

（陈嘉庚纪念馆提供）

56

诚毅技术学校办学理念
嘉庚精神立校,诚毅品格树人

第七课　诚毅品格藏心中

> "诚毅"二字中心藏，
> 大家勿忘，大家勿忘！
> ——《福建私立集美学校校歌》歌词

陈嘉庚说："为人有道德毅力，便是世间难得的人才。"他与胞弟陈敬贤制定"诚毅"校训，将其作为集美学校的办学宗旨。他要求师生把"诚毅"二字藏心中，希望师生抱着"大公无私"的精神，凭着"诚毅"的校训，"努力苦干"。

为弘扬嘉庚精神，培养学生的诚毅品格，塑造学生的健康人格，学校确定持久开展"诚毅品格藏心中"活动。

一、指导思想

通过"诚毅品格藏心中"活动，经常性组织学生学习"诚毅"校训的内涵，学习陈嘉庚的诚信品质，学习陈嘉庚的刚毅性格，并通过社会活动的实践，培养学生的诚毅品格，塑造学生的完美人格。

二、活动要求

1."诚毅品格藏心中"活动应制度化。坚持"每月一课"和"每月一活动"制度。

2."诚毅品格藏心中"活动应常态化,每学期在学校或实习单位举行不少于一课的诚毅品格校本讲座和一次培养诚毅品格实践活动。

三、"每月一课"授课安排

(一)授课内容

"诚毅品格藏心中"每月一课的内容有:

1.理解"诚毅"校训的深刻内涵。

2.了解陈嘉庚在创业和兴学中的诚信品德。

3.了解陈嘉庚在创业和兴学中的刚毅性格。

4.掌握诚信品德的培养方法。

5.掌握刚毅性格的培养方法。

(二)授课组织

1."每月一课"按年级分别进行,由学工处列入学期德育工作计划统一安排。

2."每月一课"的授课由有经验的德育课教师、学工处领导、分管校领导担任,也可聘请校外相关人员担任,由学工处统一安排。

3.授课教师必须按规范要求编写教案,并将教案电子版上交学工处。

4.每学期由学工处负责编辑《每月一课教案汇编》。

四、"每月一活动"安排

培养诚毅品格"每月一活动"的内容与要求有：

(一)学习"诚毅"校训

由学工处组织，以班级为单位学习校训内容，讨论"诚毅"校训的深刻内涵。

要求：学生写《我所理解的"诚毅"校训》，各班挑选5篇参加评选。

(二)召开"诚信"主题班会

由学工处统一确定班会主题，班主任组织召开"培养诚信品德"主题班会，促进学生提高培养"诚信"品德的自觉性。

要求：班主任要编写主题班会教案，各班评选3篇优秀"班会发言稿"。

(三)召开"刚毅"主题班会

由学工处统一确定班会主题，班主任组织召开"培养刚毅性格"主题班会，促进学生提高培养"刚毅"性格的自觉性。

要求：班主任要编写主题班会教案，各班评选3篇优秀"班会发言稿"。

(四)组织演讲比赛

由学工处确定演讲主题，各班组织预赛，根据预赛成绩推荐3名

学生参加全校比赛。

要求：学工处把获奖的演讲稿汇编成册。

（五）组织征文活动

由团委会确定征文主题，组织优秀征文稿评选。

要求：团委会把获奖的征文汇编成册。

（六）组织学习嘉庚语录座谈会

由各班班主任组织学习嘉庚语录座谈会。

要求：学生学习座谈的"嘉庚语录"内容见知识点-8《嘉庚语录选辑》。各班座谈会要指定专人记录，并根据记录内容整理编写座谈会纪要。

五、活动安排表

"诚毅品格藏心中"的具体活动安排见第一课"安排表"。

【讨论题】

1.你如何看待"诚毅品格藏心中"活动？

2.你准备如何在"诚毅品格藏心中"的活动中努力培养诚毅品格？

3.请阅读以下材料：

【有一个求职者经过层层面试终于来到最后一关，由总裁亲自面试。这个求职者刚走进总裁的办公室，总裁就兴奋地走过来紧紧握住这个人的手说："小伙子，去年我在东湖游玩的女儿不小心掉进了湖里，是你奋不顾身冒着生命危险救了我的女儿，没有想到今天能在

这里看见你。"

求职者被这突如其来的欢迎仪式惊呆了,因为他从来没有救过这位总裁的女儿。于是他对总裁说:"总裁你好,我不是救你女儿的人,我想你肯定是认错人了。"可是总裁坚持认为就是这个小伙子救了自己的女儿。

这位求职者始终否认自己做过这样的事情,并向总裁说明自己不会游泳,不具备水中救人的本领。总裁听完后轻拍小伙子的肩膀说:你明天可以来我的公司上班了。

这下子求职者总算明白了。〕

阅读后请回答:总裁录用求职者的理由是什么?

【知识点-7】

关于诚毅的名言

一、关于诚信

1. 伟大人格的素质,重要的是一个诚字。

——鲁迅

2. 坦白是诚实和勇敢的产物。

——马克·吐温

3. 人而无信,不知其可也。

——孔子

4. 如果要别人诚信,首先要自己诚信。

——莎士比亚

5. 失去信用等于碎了的镜子,不可能修复。

——德国谚语

6. 千教万教,教人求真;千学万学,学做真人。

——陶行知

7. 言必诚信,行必忠正。

——孔子

8. 始终不渝地忠实于自己和别人,就能具备最伟大才华的最高贵品质。

——歌德

9.精诚所至,金石为开。

——王充

10.走正直诚实的生活道路,必定会有一个问心无愧的归宿。

——高尔基

11.信用是难得易失的,费十年功夫积累的信用,往往由于一时的言行而失掉。

——池田大作

12.诚实是人生的命脉,是一切价值的根基。

——德莱

13.没有诚信,何来尊严?

——西塞罗

14.没有一处遗产像诚实那样丰富的了。

——莎士比亚

15.少说空话,多做工作,扎扎实实,埋头苦干。

——邓小平

16.与朋友交,言而有信。

——论语

17.小信诚则大信立。

——韩非子

18.言必信,行必果。

——孔子

19.信用既是无形的力量,也是无形的财富。

——松下幸之助

20.失去了真,同时也失去了美。

——别林斯基

21.靠着忠诚,你能与伟大的心灵为伴,有如一个精神上的家庭。

——莫洛亚

22.失足,你可能马上复站立,失信,你也许永难挽回。

——富兰克林

23.真实是人生的命脉,是一切价值的根基,又是商业成功的秘诀,谁能信守不渝,就可以成功。

——德莱塞

24.诚实是智慧之书的第一章。

——杰弗逊

25.真诚才是人生最高的美德。

——乔叟

26.真诚是一种心灵的开放。

——拉罗什富科

27.真诚与朴实是天才的宝贵品质。

——斯坦尼斯拉夫斯基

28.做老实人,说老实话,干老实事,就是实事求是。

——邓小平

29.一言九鼎重千秋。

——陈毅

30.我的座右铭是:第一是诚实,第二是勤勉,第三是专工作。

——卡耐基

31.守信的人是最快乐的,诚实是最天真的。

——鲁迅

32.对人以诚信,人不欺我;对事以诚信,事无不成。

——冯玉祥

* * * * * * * *

二、关于刚毅

1.只有毅力才能使我们成功,而毅力是来源于毫不动摇,坚决采取为达到成功而需要的手段。

——车尔尼雪夫斯基

2.在科学上面是没有平坦的大路可走的,只有那在崎岖小路的攀登上不畏劳苦的人,才有希望到达光辉的顶点。

——马克思

3.有毅力的人,能从磐石里挤出水满。

——谚语

4.伟大的毅力只为伟大的目的而产生。

——斯大林

5.蜗牛靠着毅力,才能爬到安全的地方。

——史普吉恩

6.我们应有恒心,尤其要有自信心! 我们必须相信,我们的天赋是要用来做某种事情的。

——居里夫人

7.无论什么时候,不管遇到什么情况,我绝不允许自己有一点点灰心丧气。

——爱迪生

8.咬定青山不放松,立根原在破岩中;千磨万击还坚劲,任尔东西南北风。

——郑板桥

9.伟大的事业需要始终不渝的精神。

——伏尔泰

10.伟大的人做事决不半途而废。

——汉密尔顿

11.人要有毅力,否则将一事无成。

——居里夫人

12.日日行,不怕千万里;常常做,不怕千万事。

——金樱《格言联璧》

13.胜利属于最坚忍的人。

——拿破仑

14.天下无难事,惟坚忍二字,为成功之要诀。

——黄兴

15.顽强的毅力可以征服世界上任何一座高峰。

——狄更斯

16.困难只能吓倒懦夫懒汉,而胜利永远属于敢于攀登科学高峰的人。

——茅以升

17.涓滴之水终可以磨损大石,不是由于它力量强大,而是由于昼夜不舍的滴坠。

——贝多芬

18.贵有恒,何必三更起五更眠。最无益,只怕一日曝十日寒。

——毛泽东

弘扬嘉庚精神　培养诚毅品格

福建私立集美学校校歌

（陈嘉庚纪念馆提供）

第七课　诚毅品格藏心中

学生接受诚毅品格教育

第三单元

嘉庚精神的内涵

> 陈嘉庚先生之所以成为华侨的领袖人物,决非偶然,他的崇高的爱国主义精神,高尚的品质,团结华侨、不懈地为海外华侨社会服务,坚决反对帝国主义的精神,使他成为华侨的旗帜,在海内外闪烁着中华民族的光辉。
>
> ——廖承志

陈嘉庚先生的一生孕育了伟大的嘉庚精神,而"嘉庚精神"的提出,经历了一个较长的过程。

嘉庚精神的内涵是丰富多元的,它集中体现在陈嘉庚先生倡导并身体力行的忠、公、诚毅、勤俭和创新等方面。

陈嘉庚爱国爱乡的情怀、兴教兴学的业绩和伟大的嘉庚精神,得到人们的普遍赞誉。毛泽东、邓小平、习近平都称赞他是"华侨旗帜,民族光辉"。

嘉庚精神与社会主义核心价值观高度契合,是中华民族宝贵的精神财富。

第八课　嘉庚精神的形成

> 弘扬嘉庚精神，办好集美大学。
>
> ——李　鹏

嘉庚精神是陈嘉庚在特定的社会环境下，经历长期复杂的历史阶段，集政治、思想、社会、经济、文教诸项成就之大成，形成的一系列崇高精神和高贵品质的统称。

一、嘉庚精神的形成

陈嘉庚是我国近代史上伟大的爱国主义者、杰出的华侨领袖、著名的实业家、教育家和社会活动家。陈嘉庚经历了清末、民国、抗战、解放战争和新中国成立后几个不同的时期，经过长达近一个世纪的实践，形成其独有的价值观，其身上闪耀的伟大精神是我们取之不尽的精神财富。

陈嘉庚的一生孕育了伟大的嘉庚精神。嘉庚精神的内涵集中表

现为天下兴亡、匹夫有责的爱国精神,还表现在重义轻利、公而忘私的奉献精神,诚实守信、嫉恶好善的重德精神,刚健果毅、坚韧不拔的自强精神,艰苦朴素、勤勉节俭的清廉精神,与时俱进、革故鼎新的创新精神等方面。

陈嘉庚以祖国的利益为人生的最高利益,以祖国的需要为人生的最大需要,以祖国的富强为人生的最终目标。爱国主义是陈嘉庚先生一生恪守的信念,也是他一生创业、兴学和从事社会活动的行为准则。崇高的爱国主义精神是嘉庚精神的核心内容。

"嘉庚精神"的提出,经历了一个较长的过程。早在1940年11月,厦门大学出版《厦大通讯》"欢迎陈嘉庚先生专号",刊有题名嘉庚精神的文章,提出:"嘉庚精神就是我们的精神,我们非但应该随时记住效法而已,并且应该发扬光大"。

之后很长一段时间内,人们主要提陈嘉庚的"爱国精神""牺牲精神""教育思想"等。

1983年10月《厦门大学》校刊为庆祝集美学校七十周年校庆,发表题为《大力弘扬嘉庚精神》的评论员文章,指出"陈嘉庚先生之所以为后人所敬仰,被誉为'华侨旗帜,民族光辉',是因为陈先生以他一生的伟大实践,造就了可贵的嘉庚精神。"

1985年《集美校友》(总26期)发表《学习嘉庚精神的感受——纪念陈嘉庚创办水产航海学校65周年》一文。1989年起,集美陈嘉庚研究会会刊《陈嘉庚研究》陆续发表以"弘扬嘉庚精神""运用陈嘉庚精神"等为题的文章。1991年3月《厦门大学》校庆特刊发表了校长汪德耀写的《陈嘉庚精神永放光芒》一文。

1994年江泽民总书记为集美大学题写校名,李鹏总理题词"弘扬嘉庚精神,办好集美大学"。遵照这个指示,集美大学首任校长就

提出,把"陈嘉庚精神"作为集美大学师生的一门必修课,把弘扬嘉庚精神作为建校的根本,并编写了《陈嘉庚精神文献选编》。

此后,嘉庚精神的提法迅速增多,出现许多包含嘉庚精神的题词,包括以陈嘉庚名字命名的研究成果、机构、组织、奖项、赛事等。

二、嘉庚精神的精髓

有人把"嘉庚精神"的精髓归纳为以下几个方面:爱国主义精神,崇尚教育精神,自律俭朴精神等。

(一)爱国主义精神

早在五四运动后,陈嘉庚就大声疾呼:"民心不死,国脉尚存,以四万万之民族,决无甘居人下之理。今日不达,尚有来日,及身不达,尚有子孙。如精卫之填海、愚公之移山,终有贯彻目的之一日!"

他还说:"救亡图存,匹夫有责!""如果国家衰亡了,即使个人发了大财又有何用?"

他身居海外,为团结抗日,争取中华民族的解放,尽了自己的最大努力。他无比艰辛地组织海外侨胞有钱出钱,有力出力,支援抗日战争。仅1939年,他们汇给当时政府的捐款就多达11亿,占其军费总开支18亿的一大半。

他反对屈膝投降,痛斥大汉奸汪精卫。他曾以国民参政员的名义提出并通过了"在敌寇未退出国土以前,公务人员任何人谈和平条件者当以汉奸国贼论"的著名提案!

他曾冲破蒋介石集团的重重阻挠,访问陕甘宁边区后,确信"国民党蒋政府必败,延安共产党必胜!"

他一直关心祖国的统一大业。在临终的遗嘱中,还念念不忘"最

紧要的是国家前途,台湾必须回归祖国"。

(二)崇尚教育精神

嘉庚先生说:"教育为立国之本,兴学乃国民天职。"他还说:"要想国富民强,教育是基础。"他"久居南洋,心怀祖国,希图报效,已非一日"。

他17岁随父到新加坡经商。成就基业后,在其胞弟陈敬贤先生的大力襄助下,即醉心于祖国百年树人的教育伟业。从1913年创办第一所集美小学起,50多年来,先后创办了十多所各种类型的学校,从学前教育、初等教育、中等教育至高等教育,包括幼稚园、小学、中学、师范、专科及海内外闻名的厦门大学。

为兴学,几乎耗尽了他的全部家产。在困境中,他毅然地顶住了英资的压力,宁愿"企业可以收盘,学校绝不能停办"！他不惜"出卖大厦,维持厦大"。

嘉庚先生最大的人生乐趣:广育人才。几十年来,他所培养的各类人才遍布祖国及世界各地,真是桃李满天下！他为祖国、为人类做出了巨大贡献。

(三)自律俭朴精神

自律是指在没有人现场监督的情况下,通过自己要求自己,变被动为主动,自觉地遵循法度,以法度约束自己的一言一行。陈嘉庚的自律是其人格力量的主要组成。

陈嘉庚拥有亿万资产,但他说:"取诸社会,用诸社会。"他淡泊名利,自奉甚菲,律己极严。来自各方面的巨厚褒奖,他都极力推辞,从未用自己的名字去命名一所学校、一座楼房。

俭朴是一种美德,更是一种责任,一种品质。

陈嘉庚一生对勤俭极重视、实践最彻底。他少时就懂得勤劳好学、勇于吃苦耐劳;他的一生凡"种种利国福民的事业,无不筚路蓝缕,惨淡经营"。他艰苦朴素、厉行节约,平生奉行"应该用的钱,千万百万也不要吝惜;不应该用的钱一分也不要浪费"的用钱原则。

陈嘉庚的饮食是粗茶淡饭,平时膳食就是番薯粥、咸菜、花生、萝卜干;直至晚年,自定每月伙食费为15元。他不抽烟,不喝酒,不做寿。他穿戴随便,只求保暖,一件坎肩,穿了好多年。他家里的家具摆设也极为简陋,床铺、沙发、写字台是"老字号"的,蚊帐、衣服、鞋袜是"补"字号的。

陈嘉庚的俭朴精神无不令陈嘉庚故居的参观者动容!

【讨论题】

1.如何认识陈嘉庚的爱国主义精神?
2.如何认识陈嘉庚的崇尚教育精神?
3.如何认识陈嘉庚的自律俭朴精神?
4.你如何从陈嘉庚的语录内容中理解嘉庚精神?

【知识点-8】

陈嘉庚语录选辑

一、爱国情怀

1. 牺牲一己之权利,从事国民之义务。

——1920年5月3日致叶渊函

2. 惟有真骨性方能爱国,惟有真事业方能救国。

——1929年《陈嘉庚公司分行章程》眉头警语

3. 人生于世,除为个人生活企图,更当为国家社会奋斗。

——1933年《集美学校二十周年纪念刊》

4. 爱国始于爱乡,强国必先强民。

——1945年5月在新加坡福建会馆的讲话

5. 如果终日只知赚钱,不知救国,纵然发了财,但是做奴隶,做亡国奴,发了财有什么用?

——1946年在新加坡同安会馆的讲话

二、无私奉献

1. 对于国家,当尽国民之责任,凡份所应尽者,务必有以报国家。

——1919年9月在集美学校秋季始业会的演讲

2. 盖义务不能待富而后行。

——1922年6月致叶渊函

3. 我既立志为社会服务,当然不能再为儿孙计。若兼为儿孙计,

则不能尽量为社会服务。此理自明,毋须多赘。

——陈嘉庚公子陈阙祥《集美志》

4.我毕生以诚信勤俭办教育公益,为社会服务。

——《陈嘉庚遗教二十则》

5.我希望于你们的,只是要你们依照着"诚毅"校训,努力地读书,好好地做人,好好地替国家民族做事。

——1940年10月安溪集美中学师生欢迎会演讲

6.有人劝余停止校费,以维持营业。余不忍放弃义务,毅力维持。盖两校关门,自己误青年之罪小,影响社会之罪大。一经停课关门,则恢复难望。

——1945年《南侨回忆录》

7.不但希望他们读书识字而已,特别注重的,是要培养他们良好品格,认识做人道理,勤学俭朴,将来得以安居乐业,成为国家善良的人民。

——1954年7月本社学生助学金补充办法通知

8.盖学问与时俱进,研究无穷,进步亦无限。

——1923年9月新加坡《南洋商报》开幕宣言

9.不但教其识字而已,其他如政治、思想、能力、品格、实验、体育、园艺、音乐以及其他课外活动,均需注意与正课相辅并行。

——《陈嘉庚言论集》

10.吾人为中华民国国民,应有健全之身体与精神,方可为社会服务,荷国家仔肩。

——1933年8月在集美学校运动会上的演讲

三、为人之道

1. 法律济道德之穷,规章作办事之镜。
   ——1929年《陈嘉庚公司分行章程》眉头警语
2. 做人最要紧的是有是非。
   ——1953年11月对集美学校侨生的演讲
3. 天下兴亡,匹夫有责;身家可以牺牲,是非不可不明。
   ——1948年6月为缅甸《新仰光日报》题词
4. 辨别是非,是做人的基本条件。
   ——1953年11月对集美学校侨生的演讲
5. 嬉游足以败身,勤劳方能进德。
   ——1929年《陈嘉庚公司分行章程》眉头警语
6. 有坚强之精神,而后有伟大之事业。
   ——1929年《陈嘉庚公司分行章程》眉头警语
7. 无事找事做,其人必可爱;有事推人做,其人必自害。
   ——1929年《陈嘉庚公司分行章程》眉头警语
8. 欲成大事,先做小事。
   ——1929年《陈嘉庚公司分行章程》眉头警语
9. 做事敷衍是不负责任之表现。
   ——1929年《陈嘉庚公司分行章程》眉头警语
10. 业如不专,艺必不精。
    ——1929年《陈嘉庚公司分行章程》眉头警语
11. 金玉非宝,节俭是宝。有钱须思无钱日,莫待无时思悔迟。
    ——1929年《陈嘉庚公司分行章程》眉头警语

12.无是非之心非人也,无做人之心亦非人也。

——1929年《陈嘉庚公司分行章程》眉头警语

第八课　嘉庚精神的形成

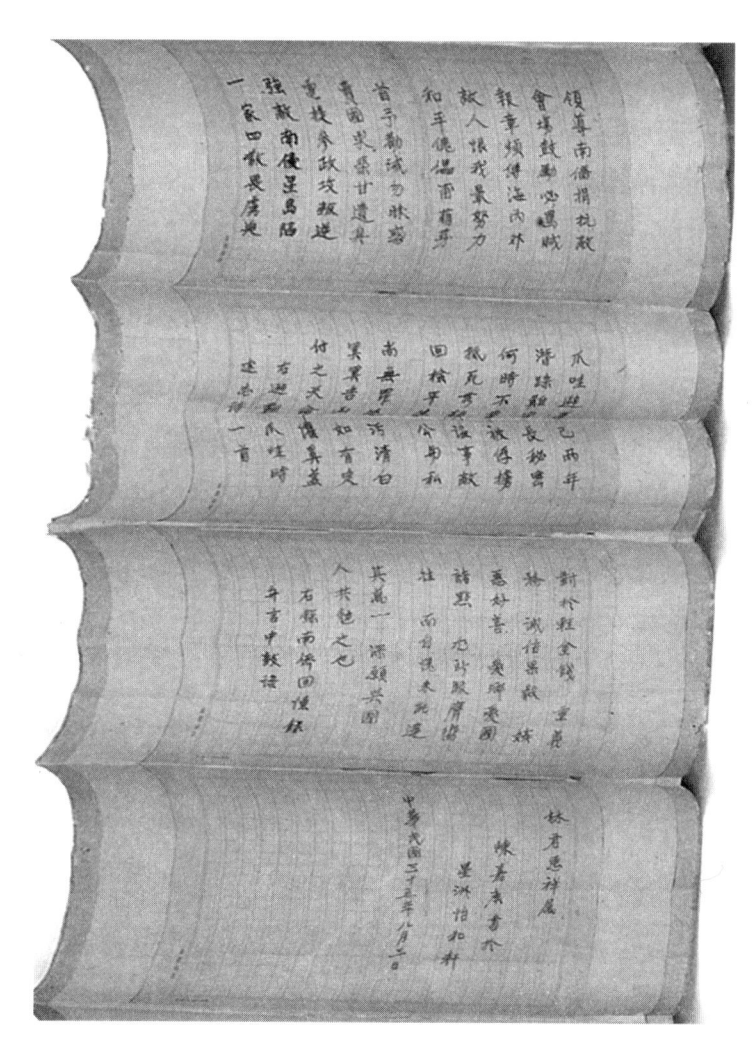

陈嘉庚述志诗

（陈嘉庚纪念馆提供）

弘扬嘉庚精神　培养诚毅品格

> 在敌寇未退出国土以前公务人员任何人谈和平条件者当以汉奸国贼论
>
> 陈嘉庚
>
> 福建新闻社

陈嘉庚从新加坡给国民参政会的电报提案

（陈嘉庚纪念馆提供）

第九课　嘉庚精神的内涵

> 嘉庚精神的内涵集中反映在爱国主义精神，还体现在重义轻利、公而忘私的奉献精神，诚实守信、嫉恶好善的重德精神，刚健果毅、坚韧不拔的自强精神，艰苦朴素、勤勉节俭的清廉精神，与时俱进、革故鼎新的创新精神等六个方面。
>
> ——佚名

嘉庚精神的基本内涵是丰富多元的，它既包含有陈嘉庚"尤所服膺向往"的"轻金钱重义务，诚信果毅，嫉恶好善，爱乡爱国诸点"，又包括他的无私奉献、急公忘私、勤勉俭约、艰苦创业、革新易俗等。嘉庚精神的内涵集中体现在他倡导和身体力行的忠、公、诚毅、勤俭和创新上。

一、忠——嘉庚精神的本质特征

陈嘉庚是中国近现代史上一位杰出的爱国主义者。爱国主义是嘉庚精神的本质特征。他对国家和民族怀有深厚的感情，他热爱祖

国的壮丽河山、灿烂文化和勤劳人民。

抗日战争前,陈嘉庚把爱国和反清、拥护孙中山革命结合起来,恪守"天下兴亡,匹夫有责"的古训,以拯救国家危难为己任,认为"教育不振则实业不兴,国民之生计日绌",把兴办教育和实业,发扬民族文化同振兴中华联系起来,希图实现他报效祖国的抱负。

全面抗战开始后,陈嘉庚奔走呼号,团结华侨,支援祖国抗战,拥护实行持久抗战和全面抗战。他反对修复被日军炸坏的私宅,认为"若先建私宅,难免违背先忧后乐之训耳",大贤气质溢于言表。他勇敢地同破坏祖国团结抗战的反动势力做斗争,痛斥汪精卫亲日派的叛国罪行。

抗战胜利后,陈嘉庚对蒋介石政府祸国殃民的本质有深刻的认识,指出"若望国民党贪官污吏放下屠刀,还政于民,正无异与虎谋皮"。他旗帜鲜明地支持共产党领导的人民解放战争。他说:"日寇败降两年以来,余揭示蒋氏祸国罪状,向中外人士声讨,已历多次。""余为国家民族前途计,亦为公理正义计,故不能苟安缄默也。"

1949年陈嘉庚应邀回国参加新政协筹备会后,他的爱国主义思想更得以充实、升华,他与中国共产党肝胆相照、荣辱与共,成为一名新中国的积极建设者。

二、公——嘉庚精神的内在品质

陈嘉庚倡导"国而忘家,公而忘私。"他一生轻金钱、重义务。为了国家和民族的利益,陈嘉庚克己奉公,不惜牺牲个人的一切。他常说,"金钱如肥料,散播乃有用"。"财由我辛苦得来,亦当由我慷慨捐出"。他"立志一生所获财利,概办教育,为社会服务"。他是这样说,也是这样做的,他把自己的一生和全部财利都献给了教育和进步事

业,没有为子孙后代留下一分钱。陈嘉庚倾资办学67年的沧桑历程,集中地反映了他无私奉献、一生为社会服务的牺牲精神,堪称鞠躬尽瘁、死而后已。

黄炎培先生由衷赞叹:"发了财的人,而肯全拿出来的,只有陈先生。"陈嘉庚的金钱观、儿女观、名利观,无不体现了他重义轻利、无私奉献的精神。陈嘉庚生前知交黄奕欢说:"'陈嘉庚'三个字的含义,成为'博爱'与'牺牲'的含义。"

三、诚毅——嘉庚精神的精髓所在

陈嘉庚从古哲先贤的思想宝库里领悟出"诚"和"毅"二字,一生践行"诚毅"品格。"诚毅"是嘉庚精神的精髓所在。

陈嘉庚认为,为人的起码要求是"凡人必须有诚信"。他提倡忠于实事、实践信用与义务、待人诚恳不欺。在公司章程的眉头上印有讲诚信的警语:"与同业竞争要用优美之精神与诚恳之态度";"招待乡人要诚实";"招待妇女要温和"等。

陈嘉庚以诚立身,以信交友;重承诺,守信用;言必信,行必果。在经商、办学、社会活动各方面,处处表现出诚实守信的品格。他履行诺言"替父还债"的举动,在华侨社会传为美谈。他回国考察据实讲话,"绝不指鹿为马"的品格,深获中外人士的称赞。正因为他重视"以诚立身",故能嫉恶好善,明辨是非,铮铮铁骨,刚正不阿。

陈嘉庚说:"世上无难事,唯有毅力与责任耳。"他认为,做事要有善始善终、再接再厉、不怕失败的坚韧精神。

他品格意志刚强,坚忍不拔。在经商过程中,锐意进取,勇于拼搏。他认为"畏惧失败才是可耻"。在办学过程中,屡遭挫折而百折不挠。他说:"宁可变卖大厦,也要支持厦大。""敌人一边炸,我们一

边建;今天被炸没了,明天再建造起来。"

陈嘉庚在避居东爪哇期间,坚持每天撰写《南侨回忆录》,40万字之巨著仅花18个月就脱稿。

所有这些,都体现了陈嘉庚的刚毅性格。

四、勤俭——嘉庚精神的传统本色

陈嘉庚一生勤奋。他说:"无事要找事做,不要等事做。有事要赶紧做,不要慢慢做。无事找事做,其人必可爱。有事推人做,其人必自害。"在创办学校的过程中,从选址、基建、购买设备到新聘校长和老师,陈嘉庚总是亲力亲为。

陈嘉庚一生俭朴。他常说:"应该用的钱,千万百万也不要吝惜;不应该用的钱,一分也不要浪费。"于公,他把千万资财献给祖国教育事业,毫不吝惜;于私,则简朴淡泊,锱铢必较。

他从小就养成勤俭节约的好习惯,后来成为富翁,仍旧保持艰苦奋斗的本色。他晚年定居集美,享有国家领导人待遇,但生活上仍然十分简朴,把节省下来的钱用于学校建设。他一生治事勤劳,工作认真,从不养尊处优,直至晚年生活上的许多事他都坚持自理。他敢做敢当,不畏权势,不怕得罪人。他重义轻利,公正清廉,注重修身自省。

五、创新——嘉庚精神的时代特色

陈嘉庚一生勤奋好学,重视实践,思想和行动随时代发展不断革新。在企业经营方面,他善于把握商机,眼光敏锐,高瞻远瞩,勇于创新,因而能在激烈竞争中卓然立于商界。在兴学育才方面,他善于学习借鉴中外文明成果,结合时代发展需要,重视职业技术教育、华侨

华文教育等,形成了一套先进的、富有特色的教育思想,许多精辟见解,至今仍不失其现实的指导意义。在改造社会方面,他崇尚科学,反对愚昧,提倡移风易俗,反对封建陋习,提出了一系列社会改革主张,为推动社会文明进步做出了重要贡献。

勇于改革,善于创新,是嘉庚精神的重要内容,充分体现嘉庚精神的时代特点。

在中国近现代史上,嘉庚精神曾经激励和感召无数国内民众和海外华侨关心祖国的前途命运,为祖国统一富强和民族振兴而团结奋斗。在新的历史条件下,学习和弘扬嘉庚精神,对于全面建成小康社会、实现中华民族伟大复兴的中国梦,仍然具有重要的现实意义。

【讨论题】

1. 我们应如何学习嘉庚的爱国主义精神?
2. 我们应如何学习嘉庚的无私奉献精神?
3. 我们应如何学习嘉庚的诚信刚毅精神?
4. 我们应如何学习嘉庚的俭朴创新精神?

【知识点-9】

习近平总书记论"爱国"

爱国,是人世间最深层、最持久的情感,是一个人立德之源、立功之本……我们常讲,做人要有气节、要有人格。气节也好,人格也好,爱国是第一位的。

——在北京大学师生座谈会上的讲话

在社会主义核心价值观中,最深层、最根本、最永恒的是爱国主义。

——在文艺工作座谈会上的讲话

实现中华民族伟大复兴的中国梦,是当代中国爱国主义的鲜明主题。要大力弘扬伟大爱国主义精神,大力弘扬以改革创新为核心的时代精神,为实现中华民族伟大复兴的中国梦提供共同精神支柱和强大精神动力。

——在春节团拜会上的讲话

在中华民族几千年绵延发展的历史长河中,爱国主义始终是激昂的主旋律,始终是激励我国各族人民自强不息的强大力量。

爱国,不能停留在口号上,而是要把自己的理想同祖国的前途、把自己的人生同民族的命运紧密联系在一起,扎根人民,奉献国家。

——在北京大学师生座谈会上的讲话

第九课　嘉庚精神的内涵

号召华侨为统一祖国积极努力

（陈嘉庚纪念馆提供）

弘扬嘉庚精神　培养诚毅品格

为新中国的政权建设投下庄严的一票

（陈嘉庚纪念馆提供）

第十课 名人评价陈嘉庚和嘉庚精神

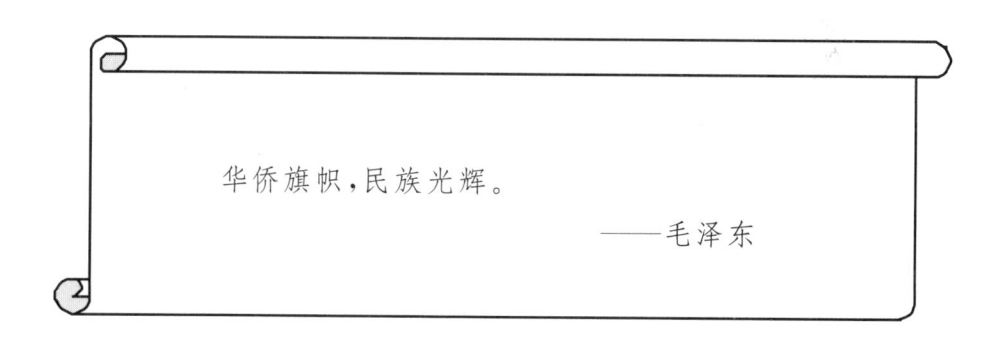

> 华侨旗帜，民族光辉。
>
> ——毛泽东

为了更好地认识陈嘉庚，我们来了解不同时期国家领导人和社会各界人士对陈嘉庚和嘉庚精神的评价。

一、三四十年代的评价

1945年11月18日，重庆市各界500多人联合举行"陈嘉庚安全庆祝大会"。邵力子主持大会，郭沫若、黄炎培、沈钧儒、柳亚子、陶行知等知名人士与会，许多人送来贺词。

1.毛泽东送来条幅，题写"华侨旗帜　民族光辉"八个大字。

2.周恩来和王若飞祝词："为民族解放尽最大努力，为团结抗战受无限苦辛，诽言不能伤，威武不能屈，庆安全健在，再为民请命。"

3.冯玉祥贺词："陈先生（即嘉庚）对人好，谋国忠，一言一动皆大

公,闻已返旧居,远道得讯喜难名。"

4.邵力子发言:"陈先生的一生就是:兴实业、办教育、勤劳国事,言人之所不敢言,为人之所不敢为。"

5.黄炎培发言:"发了财的人,而肯全拿出来的,只有陈先生。"

6.郭沫若发言:"陈先生是诚实公正的人,能为老百姓多说几句诚实公正的话。我们人民要求安居乐业。水够深,火够热,我们决不容许再使水加深,再使火加热。"

(以上选自《南侨回忆录》)

二、五六十年代的评价

1.全国人大常委会副委员长何香凝题词:"华侨爱国爱乡,热心教育事业的楷模"。

(原载《陈嘉庚先生纪念册》)

2.国务院副总理陈毅吊唁谈话:"陈嘉庚先生是一个有骨气的中国人,从他的反美、反蒋的言行可以看出。作为一个华侨来说,他是杰出的爱国主义者,追随革命,善始善终,这些是值得后人学习的。"

(原载《陈嘉庚先生纪念册》)

3.华侨事务委员会主任廖承志悼念文章《华侨旗帜 民族光辉》(节选):

嘉庚先生有高尚的品质,崇高的民族气节。他刚正不阿,明辨是非,嫉恶如仇,不断进步。他是华侨大工商业家,但从不贪图个人享受,无论在海外,在国内,他的个人生活是俭朴的。他在集美的住所,陈设也是非常朴素。床和被都是旧的,有的地方已经破了,他穿的皮鞋有的是打过补丁的,而他却怡然自得。八十以上高龄的嘉庚先生,过的生活还是这样俭朴,实在使人

感动。

　　海外华侨世代相传,有不少的优良传统,如爱国爱乡的优良传统,团结互助、艰苦奋斗的优良传统,热心文教和社会福利事业的优良传统,以及勤劳、勇敢、朴实的传统。陈嘉庚是兼而有之,并且加以发扬光大。陈嘉庚之所以成为华侨的领袖人物,决非偶然,他崇高的爱国主义精神,高尚的品质,团结华侨、不懈地为海外华侨社会服务,坚决反对帝国主义的精神,使他成为华侨的旗帜,在海内外闪烁着中华民族的光辉。

(原载《陈嘉庚先生纪念册》)

4.全国人大常委会副委员长、全国政协副主席陈叔通挽诗:

　　八十八年如一日,赤心爱国不求知,
　　与人肝胆能相见,风义平生最可师。
　　元凶窃国务诛锄,抗日声中义愤撼,
　　解放归来遵领导,陈词意态自安舒。
　　尽心教育为培才,集美宏规广厦开,
　　联合归侨同建设,俟机努力复澎台。
　　遂罹斯疾苦难医,强健犹能久自支,
　　避触老怀疏省问,人天永隔寄哀思。

(原载《陈嘉庚先生纪念册》)

三、八九十年代的评价

1.1981年2月10日,中共中央总书记胡耀邦在中国共产党成立60周年庆祝会上的讲话,肯定了陈嘉庚是"对中国人民革命胜利做出重要贡献的著名爱国人士"。

2.1983年10月13日,国家主席李先念到集美学村视察并题词:

"学习陈嘉庚先生为发展祖国教育事业而奋斗的精神"。

3.1984年,全国政协文史资料研究委员会等四个单位为陈嘉庚先生110周年诞辰出版陈嘉庚画册,邓小平同志为该画册题词:"华侨旗帜　民族光辉　陈嘉庚"。

4.1990年11月5日,中共中央政治局常委、书记处书记李瑞环在厦门大学举行的陈嘉庚奖第三次颁奖暨"陈嘉庚星"命名大会上发表讲话说:"陈嘉庚先生对中华民族充满了深情挚爱,为中华民族的振兴做出了终身奉献。他以令人敬佩的勇气和赤诚,支持祖国人民的抗日战争和反帝反封建的民族民主解放运动,并在新中国成立后,积极参加祖国的社会主义建设,努力促进祖国的和平统一大业。他为兴办学校,特别是集美学村、厦门大学倾注了很大的心血,培育了众多的人才,在海外侨胞中树立了为祖国、为家乡兴办教育的光辉榜样。"

5.1993年9月,中共中央政治局常委、全国人大常委会委员长乔石同志为集美学校80周年校庆题词:"弘扬嘉庚先生伟大的爱国主义精神,促进经济腾飞、教育发达和祖国统一大业。"

6.1994年6月23日下午中共中央总书记、国家主席江泽民到厦门视察时,接见有关部门的负责人说:"陈嘉庚先生是著名的爱国华侨,今年是他诞辰120周年,逝世33周年,他一生为祖国、为人民做了许多好事……陈嘉庚先生报效祖国的赤子之心令人敬佩,他热心教育令人称颂、敬仰,厦门人民、福建人民、全国人民都应该怀念他,学习他!"

(以上摘自《集美校友》1994年第3期)

7.1994年10月20日,中共中央政治局委员、国务院副总理李岚清在福建省暨厦门市纪念陈嘉庚先生诞辰120周年大会上讲话。他

在讲话中转达了江泽民总书记和李鹏总理的祝词。他说:"江泽民总书记指出:'要发扬陈嘉庚先生爱国精神,重视教育的思想,努力办好教育,加快人才培养。'江泽民同志题词:'弘扬嘉庚爱国精神,振兴中华教育事业。'李鹏同志题词:'爱国爱乡,兴教兴学。'"

8.著名美籍华裔物理学家、诺贝尔奖获得者杨振宁教授于1990年1月5日在北京科学会堂举行"陈嘉庚奖"第二次颁奖大会的讲话中称:"很敬佩陈嘉庚先生在很困难的时候兴办教育,这是一种很有眼光,有奋斗精神的举动。"

(转引自《陈嘉庚研究》1992年 总第九期)

9.杨振宁教授于1992年8月20日在香港举行的陈嘉庚国际学会成立大会上说:"陈嘉庚是一个了不起的人物。他赤手空拳,在东南亚创建了一个庞大的企业。尤其值得大家佩服的,是刚才潘教授(指成立大会主席、新加坡国立大学教授潘国驹)讲的,他为中华民族的教育事业,贡献了全部财富,兴办了从小学到大学的一系列学校。我想,在中国历史上,这样努力倾资兴学,应该是从陈嘉庚先生开始的。"

(转引自《集美校友》1992年第6期)

四、二十一世纪的评价

1.从2014年起,厦门市确定每年10月为"嘉庚精神宣传月",旨在进一步深入宣传和弘扬"嘉庚精神",积极培育和践行社会主义核心价值观,全面推动美丽厦门建设。

2.2014年10月,中共中央总书记、国家主席、中央军委主席习近平给厦门市集美校友总会回信,希望广大华侨华人弘扬"嘉庚精神",深怀爱国之情,坚守报国之志,同祖国人民一道不懈奋斗,共圆民族

复兴之梦。

3.2014年6月7日中共中央总书记、国家主席习近平在北京人民大会堂会见第七届世界华侨华人社团联谊大会代表,并发表重要讲话。他强调,团结统一的中华民族是海内外中华儿女共同的根,博大精深的中华文化是海内外中华儿女共同的魂,实现中华民族伟大复兴是海内外中华儿女共同的梦。

【讨论题】

1.为什么毛主席赞誉陈嘉庚为"华侨旗帜,民族光辉"?
2.根据你对陈嘉庚的了解,你觉得应如何评价陈嘉庚?

第十课　名人评价陈嘉庚和嘉庚精神

【知识点-10】

华侨旗帜　民族光辉

"华侨旗帜　民族光辉",是我国两代领导人对陈嘉庚的高度评价。1942年毛泽东评价陈嘉庚为"华侨旗帜　民族光辉"。时隔40年,1984年邓小平为陈嘉庚纪念册题词:"华侨旗帜　民族光辉　陈嘉庚"。

陈嘉庚身居异邦,心怀故土,事业成功后立志报效祖国,倾资兴办教育等公益事业,以尽国民天职。

他于1913年在家乡创办集美小学,后又增办师范、中学、水产、航海、商业、农业等校,统称为"集美学校"。1921年,陈嘉庚创办厦门大学,设文、理、法、商、教育等五院十七系,为海内外培养大量高等人才。尽管遇世界经济危机,企业经营遭重大挫折,他仍多方筹措校费。他抱定"宁可变卖大厦,也要支持厦大"的决心,独资支撑厦大16年,后来无条件地将厦大献给国家。

他不但为教育事业鞠躬尽瘁,而且具有卓越的教育思想,提倡学生要在德育、智育、体育诸方面全面发展,倡办职业技术教育,高度重视师范教育。

陈嘉庚一生具有强烈的爱国情怀,为辛亥革命、民族教育、抗日战争、解放战争、新中国的建设做出了卓越的贡献。

因此他被毛主席誉为"华侨旗帜,民族光辉"。

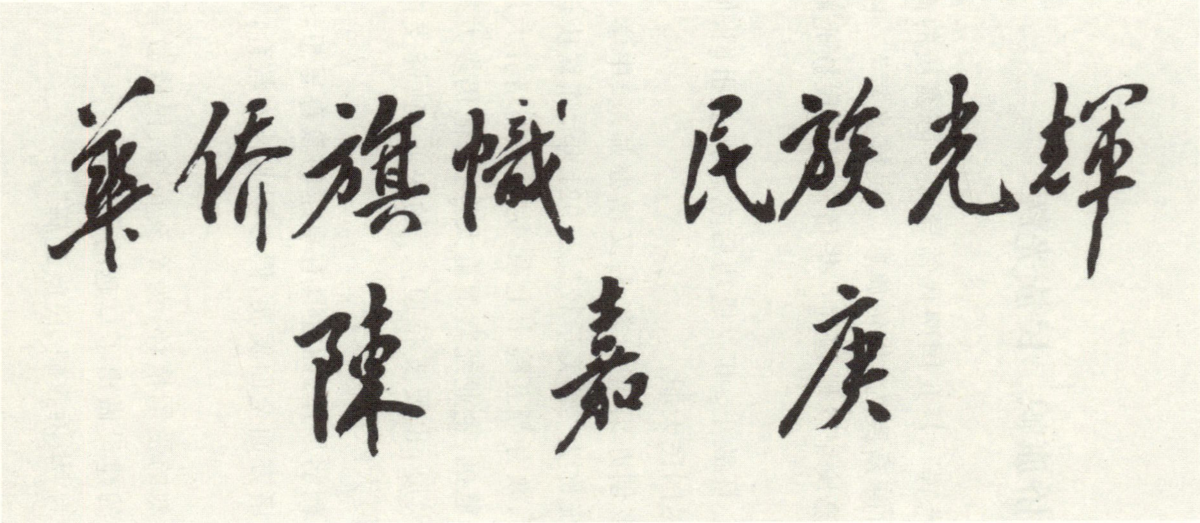

弘扬嘉庚精神　培养诚毅品格

华侨旗帜　民族光辉

毛泽东题词，邓小平手书

（陈嘉庚纪念馆提供）

第十一课　嘉庚精神与核心价值观

> 嘉庚精神是培育和践行社会主义核心价值观的宝贵资源。
>
> ——佚名

2012年11月8日,党的十八大报告明确提出"三个倡导",即"倡导富强、民主、文明、和谐,倡导自由、平等、公正、法治,倡导爱国、敬业、诚信、友善,积极培育社会主义核心价值观"。

社会主义核心价值观,体现了社会主义本质要求,继承了中华优秀传统文化,也吸收了世界文明有益成果,体现了时代精神,是全国各族人民价值观的"最大公约数"。社会主义核心价值观具体内容的提出,回答了要建设怎样的国家、建设怎样的社会、教育什么样的公民的重大问题。

通过学习嘉庚精神,我们知道,嘉庚精神的内涵表现为"忠、公、诚毅、勤俭和创新"。比较嘉庚精神的内涵与社会主义核心价值观的内容,我们可以看出嘉庚精神在诸多方面体现了社会主义核心价值

观。我们也应认识到,虽然嘉庚先生离开人世已半个世纪,但嘉庚精神仍没有过时,学习嘉庚精神对于践行社会主义核心价值具有鲜明的时代意义。

一、社会主义核心价值观的价值内容

社会主义核心价值观有以下三个层面的价值内容。

(一)国家层面的价值目标

社会主义核心价值观中的"富强、民主、文明、和谐",是国家层面的价值目标。

1."富强":富强是社会主义现代化国家经济建设的追求目标,是国家繁荣昌盛、人民幸福安康的物质基础,是中华民族梦寐以求的美好夙愿。

2."民主":民主是人类社会的美好诉求。我们追求的民主是人民民主,其实质和核心是人民当家做主。它是社会主义的生命,也是创造人民美好幸福生活的政治保障。

3."文明":文明是社会主义现代化国家文化建设的应有状态,是民族的科学的大众的社会主义文化的概括,是中华民族面向现代化、面向世界、面向未来,实现伟大复兴梦想的重要支撑。

4."和谐":和谐是中国传统文化的基本理念,是社会主义现代化国家在社会建设领域的价值诉求,是经济社会和谐稳定、持续健康发展的重要保证。

(二)社会层面的价值取向

社会主义核心价值观中的"自由、平等、公正、法制",是社会层面的价值取向。

1."自由"：自由是指人的意志自由、存在和发展的自由，是人类社会的美好向往，也是马克思主义追求的社会价值目标。

2."平等"：平等是指公民在法律面前的一律平等，其价值取向是不断实现实质平等。它要求尊重和保障人权，人人依法享有平等参与、平等发展的权利。

3."公正"：公正即社会公平和正义，它以人的解放、人的自由平等权利的获得为前提，是国家、社会应然的根本价值理念。

4."法制"：法制是治国理政的基本方式，依法治国是社会主义民主政治的基本要求。它通过法制建设来维护和保障公民的根本利益，是实现自由平等、公平正义的制度保证。

(三)公民层面的价值准则

社会主义核心价值观中，"爱国、敬业、诚信、友善"是公民个人层面的价值准则。

1."爱国"：爱国是基于个人对自己祖国依赖关系的深厚情感，也是调节个人与祖国关系的行为准则。它要求人们以振兴中华为己任，促进民族团结、维护祖国统一、自觉报效祖国。

2."敬业"：敬业是对公民职业行为准则的价值评价，要求公民忠于职守，克己奉公，服务人民，服务社会，充分体现了社会主义职业精神。

3."诚信"：诚信是社会主义道德建设的重点内容，它强调诚实劳动、信守承诺、诚恳待人。

4."友善"：友善强调公民之间应互相尊重、互相关心、互相帮助，和睦友好，努力形成社会主义的新型人际关系。

二、学习嘉庚精神,践行核心价值观

嘉庚精神体现了社会主义核心价值观不同层面的价值,我们要通过学习嘉庚精神,践行社会主义核心价值观。

(一)学习嘉庚精神,实现国家的价值目标

陈嘉庚倾资办学,一生不懈努力的奋斗目标,是为了让国民接受更多的教育;是为了彻底改变祖国贫穷落后的面貌,改变人民大众的愚昧无知;是为了伟大祖国和中华民族的独立、富强。他撰写了《住屋与卫生》《民俗非论集》,大力提倡移风易俗,树立良好的社会风气。

陈嘉庚倾资兴学、创办实业,希望建设富裕、强盛、统一的中国,也是现在我们所希望和正在建设的中国。我们要认真学习嘉庚精神,为实现社会主义核心价值观国家层面"富强、民主、文明、和谐"的价值目标贡献自己的力量。

(二)学习嘉庚精神,体现社会的价值取向

陈嘉庚在侨居海外长达半个世纪中,团结广大爱国侨胞,为建立自由、平等的社会进行大无畏的斗争。他有强烈的法制观念,他说:"吾居星数十年,未尝犯过英政府一次罪。"在南洋能遵守侨居地各种法律法规,在祖国居住期间也大力推崇知法守法。

《集美志》一书,列举了陈嘉庚的遗教二十则,是陈嘉庚关于家族、社会的处世经验和为人之道,蕴含着社会主义核心价值观的部分内容,极具现实意义。

陈嘉庚一生中有许多突出事例,与社会主义核心价值观中"自由、平等、公正、法制"社会层面的价值取向是相吻合的。我们要认真

学习嘉庚精神,准确把握社会主义核心价值观社会层面的价值取向。

(三)学习嘉庚精神,体现公民的价值准则

嘉庚精神的主要内容充分体现社会主义核心价值观公民层面"爱国、敬业、诚信、友善"价值准则。

1.爱国方面

陈嘉庚对祖国无限忠诚热爱,他曾发电文劝告美国应立即撤军驻华军队,停止对国民党政府的一切援助,义正辞严的电文震动了全世界。无论祖国处于各种困境,他都没有放弃尽"国民一分子"的社会责任。陈嘉庚多次谈到台湾问题,"台湾必须归中国"。晚年的陈嘉庚,请人在鳌园刻录"台湾省全图",念念不忘国家统一。

学习陈嘉庚的爱国精神,要像他那样"国而忘家",像他那样一心报效祖国,为建设强大的社会主义中国、为振兴中华民族而贡献自己的青春和力量。

2.敬业方面

陈嘉庚的敬业精神世人皆知,他17岁起随父到新加坡创业,历经困境,勇于拼搏,永不言败,终获成功。1916年他被作为"马来亚橡胶王国四大功臣"之一载入史册,之后迅速跻身新加坡富豪之列,成为举世闻名的企业家、华侨大亨。陈嘉庚一生专心致力于自己的事业,他积极进取的激情,忘我工作的态度,脚踏实地的作风,身体力行的风范,成为敬业的模范。

学习陈嘉庚的敬业精神,要专心致力于自己的事业,兢兢业业做好本职工作,做到一丝不苟、精益求精,恪尽职守。

3.诚信方面

陈嘉庚以诚信为立身处世准则,这里有三个例子颇能说明。

一个是陈嘉庚"替父还债"的例子:父亲晚年实业失败,负债30多万元,以诚信为重的陈嘉庚虽然身无分文,却宣布"立志不计久暂,力能做到者,决代还清以免遗憾也"。当时曾有人说他"傻",但他说:"我们中国人一向言必信,行必果。"

另一个例子:1958年集美各校要筹办农场,有人提出把以前赠给农民的天马农场的部分土地收回一部分。陈嘉庚认为学校是出尔反尔,是不诚实之举,给予严肃批评。

还有一个例子:1956年10月,新马工商贸易考察团里的一些乡亲回到集美,陈嘉庚请他们第二天到家里一起吃地瓜稀饭,并叮嘱总务主任多做一些饭。总务主任忘记了这件事,让客人饿了肚子。尽管事情不大,陈嘉庚却认为,总务主任在这件事上对他失了信,同时也让他失信于客人。

陈嘉庚诚信精神是当代青年学生效法的楷模。学习陈嘉庚的诚信精神,要以陈嘉庚诚信做人为镜子,照出自己身上的不诚信污点,努力使自己像陈嘉庚那样成为一个诚信人。

4.友善方面

友善精神强调公民之间互相尊重、互相关心、互相帮助、和睦友好,努力形成社会主义的新型人际关系。

陈嘉庚的友善精神不仅体现在对上级、同级的友善,而且体现在对弱势群体的友善。

第一,在重男轻女的历史大背景下,他提倡女子教育,反对重男轻女,大力倡办女子学校,让女子能上学,开了男女平等风气之先。

第二,强调优待贫寒子弟,奖励贫困学子。他反对办学分贫富,尽力帮助贫寒子弟上学。

第三,关心、关爱难民,哪里有难民,他就筹款献给哪里的难民。

第十一课 嘉庚精神与核心价值观

学习陈嘉庚的友善精神,我们要乐于做善事,使自己的人生充满阳光。我们不要吝啬对他人的付出和"给予",让每一份友善的"给予"温暖他人,也温暖自己。

嘉庚精神蕴含着马克思主义的价值观,与社会主义核心价值观高度契合。嘉庚精神是中华民族宝贵的精神财富,是培育和践行社会主义核心价值观的宝贵资源。我们要充分认识学习嘉庚精神的时代意义,把学习嘉庚精神、弘扬嘉庚精神进行到底。

【讨论题】

1. 你认为嘉庚精神与社会主义核心价值观有哪些联系?
2. 我们应如何通过学习嘉庚精神来践行社会主义核心价值观公民层面的价值准则?

【知识点-11】

陈嘉庚遗教二十则

1. 吾居星数十年，未尝犯过英政府一次罪。
2. 儿孙自有儿孙福，不为儿孙作马牛。
3. 宁人负我，毋我负人。
4. 怨宜解，不宜结。
5. 居安思危，安分自守。
6. 饮水思源，不可忘本。
7. 家庭之间，夫妇和好，治家之道，仁慈孝义，克勤克俭。
8. 服务社会是吾人应尽之天职。
9. 不取不义之财。
10. 仁义莫交财。
11. 能辨是非，做事有恒。
12. 服务社会，老而弥坚。
13. 吾人应安分守法，以培后盛。
14. 己所不欲，勿施于人。
15. 不可见利忘义。
16. 世间冥冥中确有因果，不可不信。
17. 凡作社会公益，应由近及远，不必骛远好高。
18. 凡做事须合情合理，如不合情理，应勿为之。
19. 我毕生以诚信勤俭办教育公益，为社会服务。
20. 明辨是非善恶，众人须知之，应知何笃行之。

——摘自《陈嘉庚精神》

第十一课　嘉庚精神与核心价值观

富强　民主
文明　和谐
自由　平等
公正　法治
爱国　敬业
诚信　友善

社会主义核心价值观

弘扬嘉庚精神　培养诚毅品格

集美解放纪念碑
（陈嘉庚纪念馆提供）

第四单元

嘉庚精神育人

> 前半生兴学,后半生纾难;
> 是一代正气,亦一代完人。
> ——新加坡中华总商会挽联

　　陈嘉庚是伟大的爱国主义者。我们学习嘉庚精神,要学习陈嘉庚深沉的爱国主义情怀,要把握当今爱国主义的时代精神,要把爱国热忱化为实际行动。

　　陈嘉庚是"华侨旗帜,民族光辉"。我们要用嘉庚精神激励自己,做一个廉洁的人、善良的人、勤奋的人、诚实的人,做一个符合新时代要求的合格公民。

　　陈嘉庚是伟大的企业家。我们要学习陈嘉庚的创业

精神,培养创业自信,敢于创业;激发创业热情,乐于创业;掌握创业本领,善于创业。

第十二课　学嘉庚精神做爱国人

> 在社会主义核心价值观中,最深层、最根本、最永恒的是爱国主义。
>
> ——习近平

1961年9月10日,新加坡中华总商会联合各界,举行有万人参加的追悼陈嘉庚大会,灵堂两侧的左挽联是"前半生兴学,后半生纾难";右挽联是"是一代正气,亦一代完人"。

作为一个"完人",陈嘉庚有非常多的地方值得我们学习。诚信经营一个跨国企业、倾资兴办教育、支持祖国革命和民族独立自强……陈嘉庚所做的一切,每一项都堪称伟大。作为普通人,我们对做一个"完人"是难以企及的。然而,我们可以用嘉庚精神激励自己,做一个符合新时代要求的人。

做符合新时代要求的人,首先要像陈嘉庚那样做一个爱国人。

一、学习陈嘉庚的爱国主义精神

陈嘉庚是伟大的爱国主义者,嘉庚精神的核心内容是爱国主义精神。

陈嘉庚的爱国主义精神主要体现在以下五个方面。

(一)矢志不渝

陈嘉庚早在五四运动后就大声疾呼:"民心不死,国脉尚存,以四万万之民族,决无甘居人下之理。今日不达,尚有来日,及身不达,尚有子孙。如精卫之填海、愚公之移山,终有贯彻目的之一日!"

陈嘉庚并不是口头上的爱国,而是采取了实际行动,真正把自己奉献于国家和人民,一心为国,毁家纾难。正如黄炎培所说"发了财的人,而肯全拿出来的,只有陈先生"。

陈嘉庚一生爱国,建鳌园时他要求在"集美解放纪念碑"碑前照壁的浮雕中间嵌上台湾省地图,反映了陈先生期盼祖国统一的愿望。他临终前留下遗嘱:"最要紧的是国家前途","要尽早解放台湾,台湾必须归还祖国"。

(二)倾心教育

陈嘉庚主张"教育为立国之本,兴学乃国民天职。"他为国奉献集中表现在对教育事业上的付出,建设集美学村、厦门大学等优秀学府,为改造社会,振兴国家,民族复兴培养了大批优秀人才。

陈嘉庚说:"复以平昔服膺社会主义,欲为公众服务,亦以办学为宜。"有人批评他为"教育救国论"者,他解释道:"民智不开,民心不齐,启迪民智,有助于革命,有助于救国,其理甚明。教育是千秋万代

的事业,是提高国民文化水平的根本措施,不管什么时候都需要。"

(三)明辨是非

陈嘉庚在追求真理的历程中不计个人得失,站在理性的立场上,以国家民族利益为准绳,做出正确抉择。1940年他考察延安后,认定"中国的希望在延安",表明陈嘉庚的爱国非盲目爱国,更非借爱国之名谋私利。他对国共两党态度的变化,体现他对爱国主义本质而深层的认识。

(四)精诚团结

陈嘉庚说:"救亡图存,匹夫有责!"他是一个把东南亚各地华侨团结在统一爱国团体之内的杰出领袖。他凝聚海外华侨力量,组织新加坡筹赈团、南洋华侨回国慰劳视察团等共同为祖国做贡献,并教导侨胞热爱祖国,不忘故乡。

陈嘉庚是华侨倾资兴学的楷模,在海内外掀起兴办教育热潮,为祖国和侨居地的教育事业做出卓越贡献。

(五)率先垂范

陈嘉庚是海外华侨爱国爱乡的典范,为祖国的独立、统一和富强做出了不可磨灭的贡献。他是华侨史上第一个把东南亚华侨利益与祖国命运紧密联系在一起的领袖人物。一方面通过办华文教育,保存中华文化,弘扬民族精神,启发华侨觉悟,使广大侨胞的文化水平和民族意识迅速得到提高。另一方面,他身体力行,通过自己倾资兴学、热心慈善、支持抗战等模范行动,有力地推动了广大侨胞热爱家乡、热爱祖国,关心支持祖国的独立、统一大业,积极参加家乡和祖国

的建设。

二、把握当今爱国主义的时代精神

爱国主义,是体现人民群众对自己祖国深厚感情的崇高精神,是同促进历史发展密切联系在一起的,是同维护国家独立和广大人民的根本利益密切联系在一起的。

爱国主义是一个历史范畴,在社会发展的不同阶段、不同时期有不同的具体内容。

在新民主主义革命时期,爱国主义主要表现为致力于推翻帝国主义、封建主义和官僚资本主义反动统治的斗争,把黑暗的旧中国改造成为光明的新中国。在现阶段,爱国主义主要表现为献身于建设和保卫社会主义现代化的事业,献身于促进祖国统一的事业。

邓小平同志指出:"中国人民有自己的民族自尊心和自豪感,以热爱祖国、贡献全部力量建设社会主义祖国为最大光荣,以损害社会主义祖国利益、尊严和荣誉为最大耻辱。"这是对我国现阶段爱国主义特征的精辟概括。

习近平总书记指出:"要大力弘扬伟大爱国主义精神,大力弘扬以改革创新为核心的时代精神。"改革创新是改革开放事业的重要特征,是鲜明的时代精神,是当代中国爱国主义的应有之义。在综合国力竞争日益激烈的全球化时代,没有改革创新的意识,中华民族就不能自立于世界民族之林,爱国就将成为一句空话。

三、把爱国热忱化为实际行动

我们要牢记总书记的嘱托,脚踏实地,放眼未来,勤奋学习,刻苦钻研,奋发工作,挥洒汗水。我们要把自己的爱国之情转化为动力,

投身到本职工作中去,用自己的辛勤汗水浇灌爱国之情。

(一)脚踏实地,放眼未来

青年人应当认识到,脚踏实地,勤奋认真,是做人做事之本。放眼未来、放眼世界是青年人的理想所在。青年人唯有经过辛勤的努力,踏踏实实地增长本领,才能使理想得以实现,才能体现自身的社会价值。青年人应当走进基层,丰富人生的阅历;走进一线,提高工作本领;深入艰苦地区,磨炼自己的意志。只有这样,才能实现自己的报国宏愿。

(二)勤奋学习,刻苦钻研

谢觉哉说过:"爱国的主要方法,就是要爱自己所从事的事业。"爱国要体现在具体行动上,爱国要有真本领。

青年人应当把自己的爱国之情转化为动力,通过勤奋学习,刻苦钻研,掌握专业技能,掌握职业本领。通过勤奋学习,刻苦钻研,在实现自己人生价值的同时,为国家创造更多的物质和精神价值。

(三)奋发工作,挥洒汗水

"逝者如斯夫,不舍昼夜!"时光的流逝有如白驹过隙,转瞬即逝。而青年人作为早上七八点钟的太阳,更应当珍惜时光,展开理想的翅膀,翱翔在宽广的蓝天。青年人应当将拳拳爱国心化作一股无形的力量,奋发做好本职工作。在顺境时,要开拓进取,发挥潜能;在逆境时,要坚韧不拔,发奋图强,以顽强的意志克服各种困难,化消极因素为积极因素,用自己的实际行动诠释爱国情怀,体现爱国精神。

【讨论题】

1.请你通过有效途径收集陈嘉庚爱国的感人故事,证实陈嘉庚是一个伟大的爱国主义者。

2.请你谈谈,你准备如何成为一名"爱国人"?

【知识点-12】

关于爱国的名人名言

1.爱国的主要方法,就是要爱自己所从事的事业。

——谢觉哉

2.人民不仅有权爱国,而且爱国是个义务,是一种光荣。

——徐特立

3.我爱我的祖国,爱我的人民,离开了它,离开了他们,我就无法生存,更无法写作。

——巴　金

4.我是炎黄子孙,理所当然地要把学到的知识全部奉献给我亲爱的祖国。

——李四光

5.我爱中国固因他是我的祖国,而尤因他是有那种可敬爱的文化的国家。

——闻一多

6.我们爱我们的民族,这是我们自信心的泉源。

——周恩来

7.祖国如有难,汝应作前锋。

——陈　毅

8.为中华之崛起而读书。

——周恩来

9.大江歌罢掉头东,邃密群科济世穷。面壁十年图破壁,难酬蹈

海亦英雄。

——周恩来

10.我死国生,我死犹荣,身虽死精神长生,成功成仁,实现大同。

——赵博生

11.英雄非无泪,不洒敌人前。男儿七尺躯,愿为祖国捐。

——陈 辉

12.我们中华民族有同自己的敌人血战到底的气概,有在自力更生的基础上光复旧物的决心,有自立于世界民族之林的能力。

——毛泽东

13.锦城虽乐,不如回故乡;乐园虽好,非久留之地。归去来兮。

——华罗庚

14.我们的祖国并不是人间乐园,但是每一个中国人都有责任把她建设成人间乐园。

——巴 金

15.我荣幸地从中华民族一员的资格,而成为世界公民。我是中国人民的儿子。我深情地爱着我的祖国和人民。

——邓小平

16.一个人对人民的服务不一定要站在大会上讲演或是作什么惊天动地的大事业,随时随地,点点滴滴地把自己知道的、想到的告诉人家,无形中就是替国家播种、垦植。

——傅 雷

17.爱国主义的力量多么伟大呀,在它面前,人的爱生之恋、畏苦之情,算得了什么呢?

——车尔尼雪夫斯基

第十二课　学嘉庚精神做爱国人

陈嘉庚铜像

弘扬嘉庚精神　培养诚毅品格

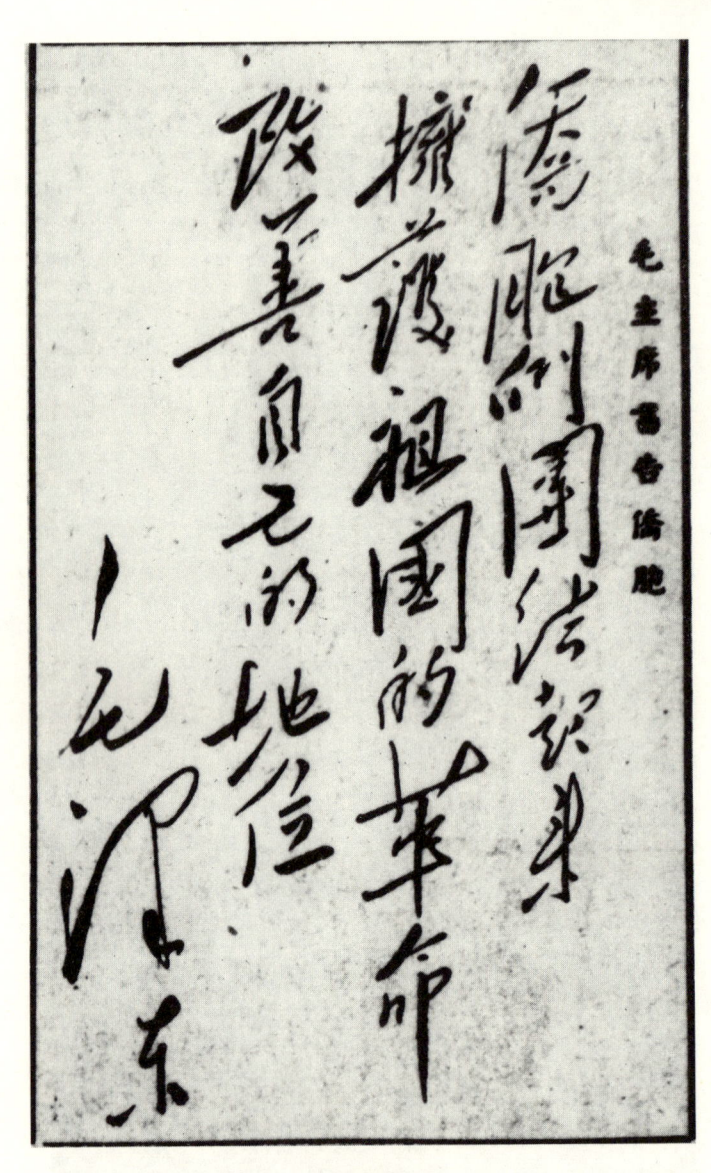

> 毛主席书告侨胞
>
> 侨胞们团结起来，
> 拥护祖国的革命，
> 改善自己的地位。
>
> 毛泽东

毛泽东题词

（陈嘉庚纪念馆提供）

第十三课　学嘉庚精神做合格人

> 爱国守法，明礼诚信，团结友善，勤俭自强，敬业奉献。
>
> ——《公民基本道德规范》

毛泽东主席赞誉陈嘉庚是"华侨旗帜，民族光辉"。我们应该用嘉庚精神激励自己，做一个廉洁的人、善良的人、勤奋的人、诚实的人、甘做小事的人，做一个新时代的合格公民。

一、做一个廉洁的人

陈嘉庚极力反对腐败，坚持廉洁。他说："以言廉，廉为贪之反，即妄与妄取，安得为廉。只顾一己之利，不虑社会祸害，又何足为廉。"他是这样主张，也是这样践行，始终以廉洁为人生宗旨。

(一)财产不遗儿孙

陈嘉庚一生艰辛创业积资无数，却不遗儿孙财产。他认为"儿孙

自有儿孙福,不为儿孙当马牛。"为保证有源源不断的教育经费,1919年他就将新加坡的全部不动产,包括7000英亩树胶园、房产、货栈等,捐作集美学校永久基金。同时宣布:"此后本人生意及产业逐年所得之利……虽至数百万元,亦决尽数寄归祖国,以充教育费用。"在倡办厦门大学时认捐的400万元,就是以集美学校永久基金为保证的。1923年,又将新发展的新加坡4000英亩橡胶园和陈嘉庚公司股本三分之一余,拨充为厦门大学基金。

陈嘉庚恪守教育天职,1958年患病住院时,首先考虑的仍是教育经费问题,在病中口授遗嘱,将他当时的余款、利息及各项收入,都作为集美学校教育基金。1961年8月,陈嘉庚在北京逝世后,国内尚有存款人民币334万元,都捐献给国家。

(二)个人生活俭朴

陈嘉庚是一位富翁,但他个人生活非常俭朴。他说:"虽为社会守财,无为之费一文宜惜,正当之消千金慷慨。"

1950年回国定居后,陈嘉庚仍然保持艰苦朴素本色。他先后在两处早年建造的朴实无华的二层小楼上工作、生活。他的衣着、家具等生活用品都是旧的。衣服破了就补,补了再用,蚊帐也是一补再补。他用一盏煤油灯照明,有一次不慎摔破了,就拣来一只断掉提钩的瓷杯,倒置过来点上蜡烛当"灯台"。工作人员觉得"蜡烛台"不雅观,几经建议更新,他坚持不肯,至今被保留下来。

当时人民政府给他确定行政三级工资,但他交待炊事员每天安排伙食费五角钱,且不得超过。剩下的钱都存入集美校委会会计处,添为办学费用。

（三）反对铺张浪费

1940年初，陈嘉庚组织《南侨回国慰劳视察团》回国慰劳，在新加坡集中时就再三告诫团员，说："此回系到祖国工作，而非应酬游历者比，务希勤慎俭约，善保人格。"到达第二天就在重庆各日报上登载启事，指出："慰劳团一切费用已充分带来，不欲消耗政府或民众招待之费，且在此抗战中艰难困苦时期，尤当极力节约无谓应酬，免致多延日子阻碍工作，希望政府及社会原谅。"

陈嘉庚晚年回归故里，参政议政，接访各级首长和海外宾客时，也从来没有摆宴席，大吃大喝，而是以家乡的土特产原料烹调菜肴来招待。

作为一名青年学生，我们要向陈嘉庚学习，做一个廉洁的人；要明明白白做人，干干净净做事；要倡导俭朴精神，践行俭朴作风。

二、做一个善良的人

"善良"的词义是心地纯洁，纯真温厚，没有恶意，和善，心地好。"善良的人"是指和善而不怀恶意的人。

陈嘉庚有一颗善良的心，是一个善良的人。他对贫弱群体富有同情心，尽自己所能，给予帮助扶持。他20多岁时看到家乡缺少医生，就先后几次花费上万元印医书，分赠乡亲和侨胞。1915年天津发大水，他筹集善款20多万元寄往灾区。在不少人眼里，陈嘉庚只是一个商人，一个富翁，他为什么那么有感召力，能够做出名垂青史的事情来？概源于他慈悲舍予的心。

作为一名青年学生，要学习陈嘉庚"与人为善"的优秀品质，要学会感恩，学会友善待人，学会乐于助人，从中体验帮助他人的快乐。

要学会真诚和尊重,学会理解和宽容,学会欣赏和沟通。要多关心一下身边的同学,让他们感受到同学的友情和集体的温暖。要有扶贫济困的善举和见义勇为的义举,并从自己的"善举"和"义举"中体验"友善"的价值。

三、做一个勤奋的人

"智识生于勤奋,昏愚出于懒惰"。"无事找事做,其人可爱;有事推人做,其人自害"。陈嘉庚的一生,无论是经商、兴学,还是支持革命与抗战、参政议政,他总是克勤克俭、兢兢业业。他的救国思想、教育理念也是不断学习、研究得来的。他的金钱用在为国服务上,他的时间和精力也都奉献于此。

一个人要做成每一件事都离不开"勤"字。勤劳一日,可得一夜之安眠;勤劳一生,可得幸福之长眠。作为一名学生,要向陈嘉庚学习,做一个勤奋的人。为此要做到:

1.给自己定一个目标,有了目标才会有明确的努力方向,才会为实现自己的目标而勤奋学习,勤奋工作。

2.改掉自己的懒惰习惯,自己能做的事情不去依赖别人,当发现自己懒惰时要告诫自己立刻行动。平常要养成好的生活习惯,只要有时间就要做一些有意义的事情。

3.珍惜时间,凡事走在他人前面。一寸光阴一寸金,寸金难买寸光阴。只有珍惜时间才能做一个真正勤奋的人。

4.多培养自己的兴趣爱好,让自己有事情可干,这样就不会成为懒惰的人了。

5.常和自己身边勤快的人在一起,远离那些懒惰的人,这样可以让自己变得勤奋起来。

四、做一个诚实的人

一个诚实的人,一定是讲真话、做真事的人。陈嘉庚能够成功创业,与他诚实守信密切相关。由于父亲的企业亏损,欠了别人的借款还不上。他牢记在心,念念不忘,通过辛苦经营赚了钱替父亲还清欠款。陈嘉庚讲真话也是出了名的,从不讲违背事实的话,不讲违心的话。

"诚信"是当今时代社会主义核心价值观的重要内容,它强调诚实劳动、信守承诺、诚恳待人。

作为一名青年学生,要向陈嘉庚学习,做一个诚实的人。为此要做到:

1. 以科学态度对待学习,严格遵守考试纪律,不作弊,不弄虚作假。

2. 做到表里如一,不能表面一套、背后一套。

3. 学会守信是做人的根本。答应别人的事情要做到,如果做不到就不能答应。

4. 做错了事情要大胆承认、真诚道歉,也要尽快采取行动去改正,去弥补。

5. 建立言必信,行必果的做事准则,做事要善始善终,不能半途而废。

6. 对他人许诺时要注意不能违背自己做人的准则和社会的道德原则。对违背道德原则的事要断然拒绝。

五、做一个甘做小事的人

有人说过:"要成功不需要什么特别的才能,只要把该做好的小

事做得好就行了。""欲成大事,先做小事。"陈嘉庚做事极认真细致,凭着这样的信念和精神,他把公司打理得井井有条,兴办的各校管理得实实在在,南侨总会的事情也做得清清楚楚。小事做好了,大事也做成了。我们不缺少聪明人,缺少认真做小事、把小事做好的人。学习陈嘉庚,不妨先从做小事学起,从能做到的小事做起。

【讨论题】

1. 我们应如何向陈嘉庚学习,做一个"廉洁"的人?
2. 我们应如何向陈嘉庚学习,做一个"合格"的人?
3. 我们应如何学习公民道德规范,做一个合格的公民?

【知识点-13】

公民基本道德规范

我国公民基本道德规范是:爱国守法,明礼诚信,团结友善,勤俭自强,敬业奉献。

(一)爱国守法

"爱国"是指对祖国的忠诚和热爱。它要求所有公民都必须热爱祖国,维护国家统一,保卫国家利益,为祖国的繁荣富强而努力奋斗。这是每个公民的义务和责任。

"守法"的内涵是学法、知法、用法,按照法律规范进行活动。我国社会是法治社会,每个公民必须具备很强的法治意识,有明确的法制观念,有必备的法律知识,认真执行各项法令、法规和各项规章制度,自觉遵守和服从法律。这是现代社会主义文明的基本要求。

(二)明礼诚信

"明礼"是指对社会交往规则、仪式和习惯的正确理解和运用。从狭义上讲,"明礼"是讲究起码的礼节、礼仪和礼貌。无论是在公共场所,还是在职业场所和个人家庭生活中,行为举止都要得体、适宜。从广义上讲,"明礼"就是讲究"文明",特别是注重公共场合中言谈举止的文明,如爱护公共财物,维护公共秩序,遵守交通规则,不要随地吐痰、乱扔垃圾,不要大声喧哗等。

"诚信"即古人所说的"礼于外,诚于内"。它的基本内容是诚实、守信,即忠诚老实,诚恳待人,以信用取信于人,对他人给予信任。

(三)团结友善

"团结"作为公民基本道德规范,其基本内容是指人们为了实现共同的利益和目标,通过弘扬集体主义精神和团队精神,在思想和行动上相互一致,形成全民族、全社会的凝聚力。

"友善"是指友好、友谊、善良、与人为善等,指体现人与人之间相互友好、相互帮助、共求进步的人际关系。

团结友善所包括的内容和范围相当广泛。大到一个民族,一个国家,整个世界,小到我们每个人的一颦一笑,一言一行,融于生活的各个方面。没有团结,人类就没有和平,社会就不会发展,单位就不会和谐,家庭就不会安宁。没有友善,就没有人间的温暖,就没有生活的甜蜜。让团结友善充满社会,充盈人们的心田。

(四)勤俭自强

"勤俭"的基本内容是勤劳、勤奋、勤快、俭朴、节俭。一个具有正确人生观的人,在做事方面必然是一个勤勉劳动、勤奋学习、勤快工作的人;在生活方面必然是一个节俭朴实、珍惜劳动果实、不铺张浪费、不追赶时髦、不片面追求高消费的人。

"自强"指人对自己的能力和行为所具有的自信和进取意识,其基本内涵是自尊、自立、自励。一个自强的人,必然是一个生命不止、奋斗不息的人,是一个积极向上、勇于拼搏的人,是一个具有顽强毅力和不屈精神的人。

(五)敬业奉献

"敬业"指要有正确的职业观念,热爱本职工作和对技术精益求精。每个从业人员要立足本职,忠于职守,脚踏实地,尽职尽责,成就事业,造福社会。

"奉献"指为国家和人民的利益贡献自己的力量,不计个人得失。奉献社会是社会主义职业道德的最高境界,也是做人的最高境界。每个从业人员要克己奉公、助人为乐、服务社会,造福人类。

弘扬嘉庚精神　培养诚毅品格

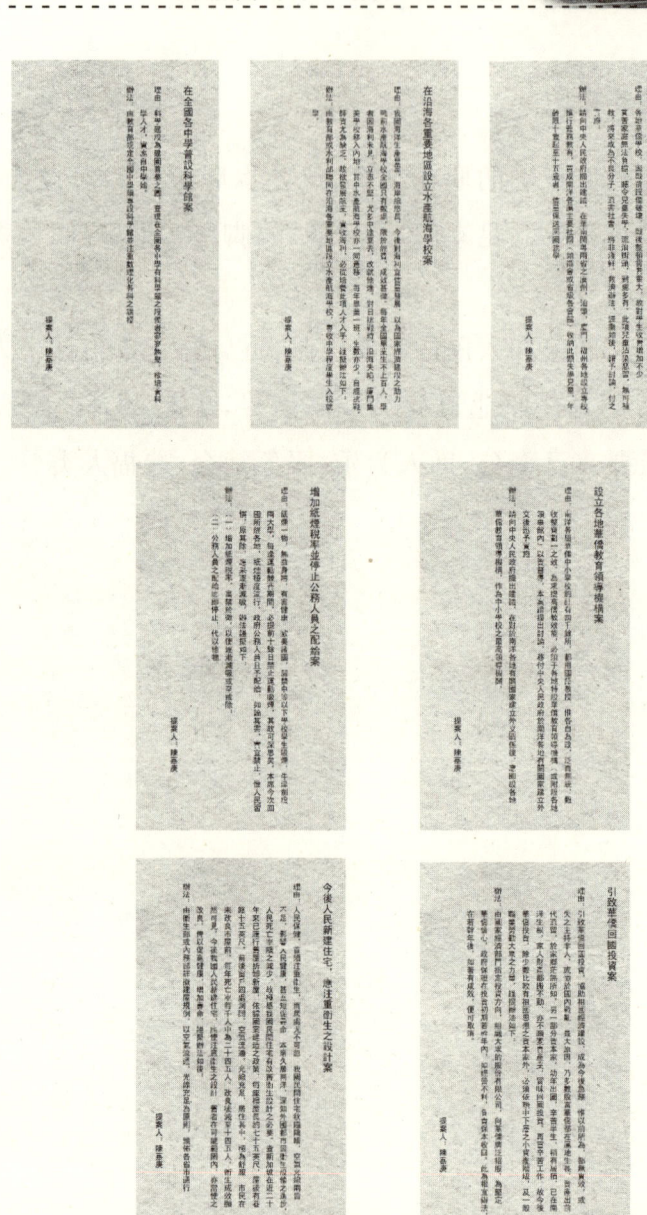

七个提案

130

第十三课 学嘉庚精神做合格人

厦门大学校训

第十四课　学嘉庚精神做创业人

> "创业",其实就是找别人想不到的,或做别人没做准确的事。
>
> ——佚名

从促进就业的角度讲,职业教育是一种就业教育。职业学校通过突出技能教学,让学生掌握专业知识和职业技能,实现就业。

中职学校毕业生实现就业的途径有两个,一个是上岗就业,即选择一个比较理想的单位和岗位就业;另一个是自主创业,即依靠自己的知识、技术、经验、资本和资源等,通过创办实业来实现就业。

与上岗就业相比较,学生自主创业将遇到更大挑战。我们要以陈嘉庚创业精神激励自己,做一个勇敢的创业人。

一、要有创业自信,敢于创业

对创业者来说,自信是创业的动力。创业者要对自己的创业行为有信心,对创业过程中战胜困难有信心,对未来的创业结果有

信心。

陈嘉庚从小就是一个对创业充满自信的人。陈嘉庚说:"中国历来轻视商业。可如果没有经商的人,吃穿用从哪来呢?我愿意和您一起到新加坡去做买卖。"父亲说:"经商风险太大,弄不好会赔钱的呀!"陈嘉庚回答说:"我不怕!"1890年秋天,父亲带他去了新加坡,在自己开的米店里学习经商。那一年,他刚满十六岁。

在陈嘉庚的创业历程中,从开始生产菠萝罐头到后来成为"菠萝罐头之王"。从开始买橡胶种子,到后来建立"橡胶王国"等,都是他充满创业自信的结果。

创业要有自信,但不可盲目自信。为了避免盲目自信,同学们今后创业要注意以下事项:

1.要用心。创业者只有真正用心对待创业过程中的每一件事情,才能更好地实现自己的创业目标。

2.要不断学习。创业者只有不断学习,学习创业中出现的新技术、新工艺、新材料、新经验,才能使自己的创业实体更加完善,才能获得更多自信。

3.要不断优化产品和服务。创业者的产品越优,服务越好,客户就越多。而越来越多的客户,会给自己带来更大的信心。

4.要扬长避短。创业者要想保持自信,需要在创业中扬长避短,发挥自己的优势,弥补自己的短板,创造更好的业绩,以业绩来增强自信。

二、要有创业激情,乐于创业

激情是一种强烈的情感表现形式,在激情的支配下,一个人往往能调动身心的巨大潜能。具有创业激情的人,会获得丰富的想象力

和创造力,会产生创造创业奇迹的强烈欲望,产生付之创业行动的巨大热情,产生克服创业困难的坚强毅力,产生鞭策自我和推动自我的强大动力。

陈嘉庚倾资办教育之所以取得成功,在于他对兴教办学的满腔激情。他说:"国家之富强,全在于国民,国民之发展,全在于教育,教育是立国之本。"1921年陈嘉庚在厦大开学典礼上,发表讲话:"办大学,一要有高深的学问,二要有雄厚的资财。我本人是两者都没有,但我有改变中国落后面貌的愿望。我希望经过三五十年奋斗,中国的教育能得到普及!"

正由于陈嘉庚有满腔的兴教办学激情,使他在面临困境时仍坚持办学。1929年10月,资本主义世界爆发经济危机,陈嘉庚的支柱产业橡胶业遭受沉重打击。1934年,陈嘉庚辛苦创办的企业被迫收盘,虽然他的经济产业走到了末路,但陈嘉庚却不后悔,因为他成功地创办了众多学校,尤其是厦门大学。面对艰难境遇,陈嘉庚变卖自有三座大厦,作为维持厦门大学正常运转的经费。"宁可变卖大厦,也要支持厦大"之举在海内外广为传颂。

我们青年人在今后创业时要相信:命运不会偏袒那些做事半途而废、犹豫不决、胆小怕事、缺乏激情的人。我们要向陈嘉庚学习,对创业要有满腔激情。因为有了创业激情,才能乐于创业。只有那些富有激情,勇于进取的人,才会在创业的大军中脱颖而出。

三、要有创业本领,善于创业

创业者搞创业,要有实招。这个实招一是实干,二是实际本领。

(一)创业一定要实干

邓小平同志说过:"世上的事都是干出来的,不干,半点马克思主义都没有。"创业梦想的成功实现离不开苦干和实干。

陈嘉庚一生的伟业都是"干"出来的。在成就"菠萝罐头之王"的创业过程中,为了解决罐头原料问题,他买地种菠萝。为了开拓罐头销路,他亲自调查异形包装等特殊产品的市场行情。在成就"橡胶王国"的创业过程中,他买地种植橡胶,开发胶鞋、轮胎等产品。为了实现教育救国的梦想,他20岁开始创办"惕斋学塾"后,又连续创办了集美小学、师范、中学、水产、航海、商业、农林等学校,创办了厦门大学。在兴学办校过程中,从选择校址、建设校舍、购置设备、制定校训到选聘校长和优秀教师,陈嘉庚无不亲力亲为,充分体现他的实干精神。

"空谈误国,实干兴邦"。"实干"是干好任何工作的前提,也是创业成功的重要保证。"不驰于空想,不骛于虚声",说千道万,不如一干。青年人创业要学习陈嘉庚的实干精神,埋头苦干、实干。

(二)创业一定要有实际本领

青年人创业必须具备必要的创业知识,这些知识包括正确决策所需的创造性思维等心理学知识,开发和生产创业产品所需的专业知识和技术设备知识,经营创业实体所需的管理知识和营销知识等。

创业者所需的创业知识需要学习,需要储备。立志创业的同学要充分利用在校的学习时间和有利条件,认真学习专业知识和技能,提高自己的知识素质水平。

青年人创业必须明白,创业是没有什么捷径可走的。他人成功

创业的经验应当学习,可以借鉴,但不能盲目照搬照套。别人的成功有其特定的条件,不一定适合你,他人的成功经历是无法复制的。青年人要想取得创业成功,必须审时度势,寻找最适合自己的创业之路。

四、要有创业毅力,坚持创业

创业毅力是创业者在创业过程中所表现出来的坚韧性和持久力。一个人在创业中具有坚韧的毅力和锲而不舍的精神,那么他的创业终会有所成就。

(一)创业毅力表现为敢于面对困难

陈嘉庚一生热爱教育,从"倾资兴学"到"毁家办学",面临无数困难。正是因为陈嘉庚勇敢地面对困难,有效地解决一个个困难,才使他取得巨大的成功。

勇敢面对创业中的困难,要求我们正视困难,不回避困难。因为困难不会因为你的回避而自行消失。

勇敢面对创业中的困难,要求我们冷静分析,寻找解决困难的办法,一个又一个地解决所面临的困难。

勇敢面对创业中的困难,要求我们寻求帮助,请有能力的人提供资金或技术的支持,请有管理和经营经验的人提供管理和营销方面的帮助。

(二)创业毅力表现为敢于面对失败

任何创业都不可能一蹴而就,都可能面临失败。在失败面前,创业者要有敢于面对失败的毅力。

创业失败只能说明你做得还不够好,不能说明你做不了。陈嘉庚说过:"畏惧失败,才是可耻。"青年人在创业中要学习陈嘉庚的创业毅力,敢于面对失败。因为失败是成功的基石,你的失败增加一次,离你的成功就近了一步。

(三)创业毅力表现为敢于坚持

坚持是创业者取得成功的强大动力。陈嘉庚创业、兴学所取得的巨大成功,来源于他的"坚持"。

"坚持"对于成功创业之所以重要,其缘由在于"此事难为"。创业旅途上,有些人"一曝十寒",有些人"半途而废",有些人是"行百里者半九十",有些人是"为山九仞,功亏一篑"。创业过程中,往往是最后一道成功之门就在前面,但很多人没有耐心和执着把它打开。

"坚持"是一种精神,是一种积极的人生态度,无论最后成败,至少可以证明你不是怯懦的。

"坚持"是一种品格,是一种持久不断的努力。敢于坚持是一种意志力强大的表现,学会坚持,你的创业之路才会越走越远,你的成功创业目标才会越来越近。

【讨论题】

1. 作为一名技校学生,你如何看待今后的创业?
2. 你认为一个创业者要具备哪些方面的良好素质?
3. 你准备在校学习时如何"蓄积"自己的创业本领?

【知识点-14】

创业成功者谈创业

一、马云谈创业

许多人都想创业,但不知如何起步。

创业者马云告诉你:"你一定要想清楚三个问题:

1.你有什么？2.你要什么？3.你能放弃什么？"

想清楚"你有什么",是要客观评价自己的创业条件。一个人如果不具备基本的创业条件,创业成功从何谈起？

想清楚"你要什么",是要明确自己的创业目标,明确自己要创什么业,要达到什么目标。一个人如果不知道自己要做什么,创业活动就无法起步；如果不知道自己所要达到的目标,创业活动就无从策划。

想清楚"你能放弃什么",是要明白自己需要坚持什么,自己可以放弃什么。如果是需要坚持的,自己没有果敢坚持,创业成功的机会就会与你"擦肩而过"。如果是应该放弃的,自己没有果断放弃,创业成功的机会就会与你"渐行渐远"。

许多人都想成功创业,但不知有何途径。

马云告诉你:创业者要炼成"五大硬功夫":

1.像水泥黏合团队；

2.像天平把握平衡的艺术；

3.像孩子般好奇；

4.像船长一样预见风暴；

5.像狼一样不屈不挠。

二、李嘉诚谈创业

1.做事投入是十分重要的。你对你的事业有兴趣，你的工作一定会做得好。

2.我认为勤奋是个人成功的要素。个人的努力才是创造事业的最基本条件。

3.创业的过程，实际上就是恒心和毅力坚持不懈的发展过程。

4.坚守诺言，建立良好的信誉，一个人良好的信誉，是走向成功的不可缺少的前提条件。

5.身处在瞬息万变的社会中，应该求创新，加强能力，居安思危，无论你发展得多好，时刻都要做好准备。

6.知人善任，大多数人都会有部分的长处，部分的短处，各尽所能，各得所需，以量才而用为原则。

7.对自己要节俭，对他人则要慷慨。处理一切事情以他人利益为出发点。

8.做人最要紧的是让人由衷地喜欢你，敬佩你本人，而不是你的财力，也不是表面上的服从。

9.有钱大家赚，利润大家分享，这样才有人愿意合作。假如拿10％的股份是公正的，拿11％也可以，但是如果只拿9％的股份，就会财源滚滚来。

10.人，第一要有志，第二要有识，第三要有恒。

注：2014年《福布斯》杂志公布的全球富豪排名，李嘉诚的净资产总值高达310亿美元，蝉联亚洲首富。

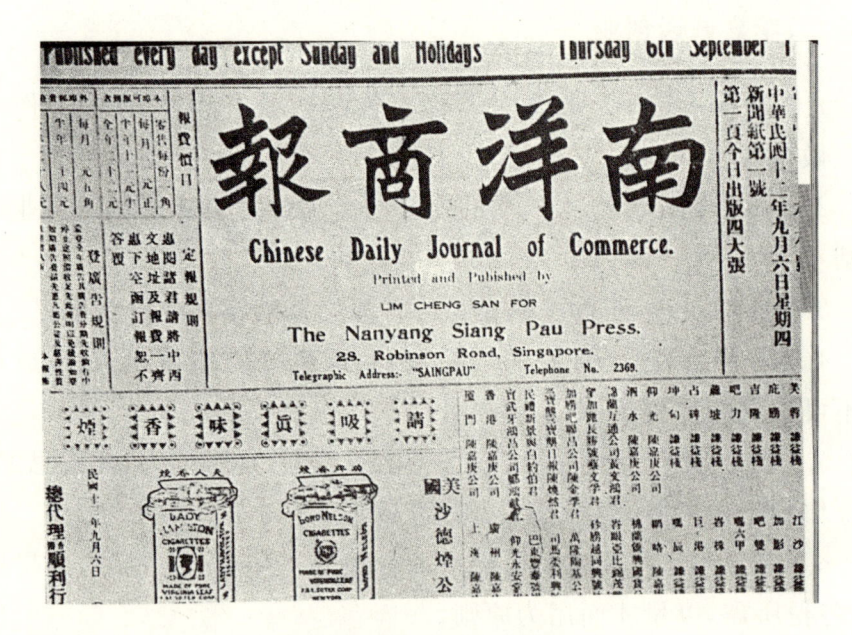

在新加坡创办《南洋商报》

(陈嘉庚纪念馆提供)

第十四课　学嘉庚精神做创业人

陈嘉庚公司广告

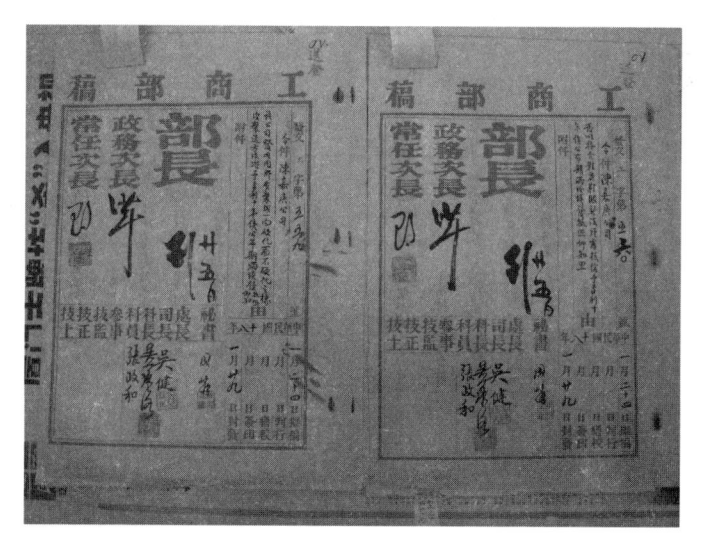

陈嘉庚公司产品专利批文

（陈嘉庚纪念馆提供）

第五单元

诚毅品格树人

> 诚毅的含义就是诚以待人,毅以处事。
>
> ——佚名

陈嘉庚是一位杰出的实业家。在创业过程中,他信守承诺创业报国、注重质量诚信经营、履行诺言替父还债,充分体现他的诚信品德。

陈嘉庚是毕生热诚办教育的事业家。在兴学过程中,他信守承诺,竭尽全力办学,他"出卖大厦,维持厦大",他"宁使企业收盘,绝不停办学校",充分体现他的诚信品德。

陈嘉庚在一生的创业、办学过程中,从父亲的失败中

站起来创业,在逆境中奋起创业,在困境中坚持办学,充分体现他的刚毅性格。

我们青年学生要学习陈嘉庚的诚毅品格,明确诚信品德、刚毅性格的培养要求和培养方法,自觉用诚毅品格培养自己的人格,真正做到诚实为人,刚毅做事。

福建省诚毅技术学校校训

第十五课　陈嘉庚的诚信品德

> 陈先生是诚实公正的人，能为老百姓多说几句诚实公正的话。
> ——郭沫若

陈嘉庚毕生讲诚信。

他曾经说过：就普通平民讲，若无诚信，已失去其做人之资格。中国古人云："不诚无物。"又云："人无信不立。"自数千年前创造中国文字时即有此意，如"诚"字拆开为"言"和"成"，意谓所言必成行方谓"诚"。又如"信"拆开，即"人"和"言"，谓人言必信是也。

一、陈嘉庚创业中的诚信品德

陈嘉庚是一位杰出的实业家。他恪守"国家之富强在实业"的信条，艰辛创业，勇于开拓，诚信经营，建立起一个遍布世界的企业王国，既为大规模兴学办教育奠定了坚实的基础，又为东南亚经济发展和社会进步做出了卓越的贡献。

第十五课　陈嘉庚的诚信品德

(一)信守承诺,创业报国

与一般实业家为追求利润而创业的目的不同,陈嘉庚的创业目的是报效祖国,服务社会。他经常引用西方谚语:"金钱如肥料,散去方有用。"

他常同友人说:"财自我辛苦得来,亦由我慷慨捐出。""我金钱取诸社会,亦当用诸社会。"

他曾说:"我既立志为社会服务,当然不能再为儿孙计;若兼为儿孙计,则不能尽量为社会服务。"

陈嘉庚重义轻利,公而忘私。正如黄炎培先生所说的:"发了财的人,而肯全部拿出来的,只有陈先生。"直至逝世前留下遗嘱将所有334万元存款均用于接济公益事业,对子女不留分文。

这一切充分体现了他的诚信品德,体现了他"愿为公众服务"的人生宗旨。

陈嘉庚经营实业的另一个目的是发展祖国实业,利国、利民、利社会。旧中国工业落后,经济发展滞后,饱受列强欺凌。陈嘉庚公司实业的发展大大推动了南洋实业乃至中国实业的发展,为当地人民提供了很多就业机会,培养了一批企业的管理精英,为中国实业的发展贡献了力量。

他不遗余力大规模发展各种企业,"不特可以利益侨众,尤可以为祖国未来工业之引导"。他在国内外广设分行(店),就是为了"挽回权利,推销出品,发展营业,流通经济,利益民生"。这些都体现了陈嘉庚"诚以为国,大公无私"的精神。

(二)注重质量,诚信经营

陈嘉庚一生奉行诚信经营原则,经商过程中重承诺、守信用。他说:"与同业竞争,要用优美的精神与诚恳之态度。"

他重视产品质量,反对坑蒙欺诈。他说:"品质讲究优美,则畅销自然可期,良好之成功必矣。"他教育员工说:"以术愚人,利在一时;及被揭破,害归自己。""待人勿欺诈,欺诈必取败;对客勿怠慢,怠慢必招尤。"

他对待产品价格的原则是"价格不二,以昭信用。"他认为"货真价实,免费口舌;货假价贱,招人不悦。"因而他严格规定:"货品损坏,买后退还,如系原有,换之勿缓。"

他在经营活动中把顾客视为"上帝",要求员工做好服务工作。《陈嘉庚公司分行章程 眉头警语》充分体现了他的经营理念:

"顾客遗物,还之惟谨;非义勿取,人格可敬。"

"隐语讥人,有伤口德;于人无损,于我何益。"

"待入门顾客,要如自己亲戚。"

"招待乡人要诚实,招待妇女要温和。"

由于他处处从消费者利益出发,取信于人,因而陈嘉庚的名字,陈嘉庚工厂的产品都成了人们信赖的品牌。

(三)履行诺言,替父还债

1904年春,新加坡米业一片惨淡,陈嘉庚父亲的米店宣告破产,负债20余万元。按照新加坡法律,破产的商行不在陈嘉庚名下,陈嘉庚可以规避债务。但他还是召集债权人,毅然承诺代父还债。这个出于道义的决定赢得华侨社会的普遍信任。

第十五课　陈嘉庚的诚信品德

陈嘉庚对替父亲还债一事念念不忘。经过努力,他在商场上初有斩获,独立经营两年半后,已剩余三万元。本指望夏季菠萝罐头厂再获利四五万元,就可考虑还款的事。不料1906年夏季,菠萝罐头市价直线下跌,三家工厂仅获利1万元,导致替父还债的愿望不能实现。后来陈嘉庚审时度势,把经营生米改为经营熟米,16个月后所得净利16万元,使陈嘉庚终于有能力替父亲偿还债款。他花了许多时间和精力,找到以前的债主,把债款还清。

当时有人说他"傻",放着新加坡的法律空子不钻,更多的人则由衷地赞赏他。

"立身处世,诚信为本"。陈嘉庚坚守做人的底线,用"替父还债"的行动践行了诚信理念,践行了中华民族的传统美德,彰显了伟大的人格魅力。陈嘉庚替父还债不仅维护了父亲的声誉,而且体现了他诚实守信的高尚品格,得到多数华侨的赞誉。

二、陈嘉庚兴学中的诚信品德

陈嘉庚是毕生热诚办教育的事业家,在一生的办学过程中,处处体现他的诚信品德。

(一)竭尽全力办学

陈嘉庚一生生活俭朴,但兴学育才则竭尽全力。

1894年,20岁的陈嘉庚第一次出资办惕斋学塾,1913年创办集美学校,1919年筹办厦门大学。到1927年,集美学村已有11所学校,形成了从幼稚园、小学、中学到专科,普通教育与职业教育并重,学科设置合理,男、女学校兼备的完整教育体系,成为当时全国各类学校中学生数量最多的学校,社会影响广泛。

(二)"出卖大厦,维持厦大"

学校初具规模后,遇到了1929—1932年资本主义世界经济危机,在经济危机和日本帝国主义倾销的双重打击下,陈嘉庚的企业一蹶不振,每况愈下,维持厦大和集美学校的经费日见困难。

1930年,一些亲友劝他停办学校或缩小学校规模。他坚决不肯,说:"两校如果关门,自己误青年之罪小,影响社会之罪大,一经停课关门,则恢复难望。"面对艰难困境,为保存学校,陈嘉庚向新加坡、马来亚各界亲友筹募,甚至卖掉家人居住的三栋别墅,所得钱款作为厦门大学经费。"出卖大厦,维持厦大"之举在海内外广为传颂。

(三)"宁使企业收盘,绝不停办学校"

1932年,当他的企业陷于极度困难时,外国某垄断集团要把他的企业作为附庸公司而加以"照顾",提出以停止维持厦门大学和集美学校为条件,他断然拒绝,说:"宁使企业收盘,绝不停办学校。"后来他的企业真的收盘了。

从顺境时的倾资兴学到困境时的毁家兴学,充分体现了陈嘉庚的诚信品质。

【讨论题】

1. 请通过查找资料,举例说明陈嘉庚的诚信品德。
2. 我们应从哪些方面培养自己的诚信品德?
3. 请谈谈你对"诚信考试"的看法。

【知识点-15】

诚信考试

诚信是我们中华民族的传统美德。只有"诚信",方可"立身";做到"诚信",才能"成人"。

孟子云:"车无辕而不行,人无信则不立。"诚信不仅是一种品行,更是一种责任;不仅是一种道义,更是一种准则;不仅是一种声誉,更是一种资源。

就个人而言,诚信是高尚的人格力量。对学生来说,讲诚信就必须做到诚信考试。

"诚信考试"是对知识的尊重。考试作为一种评价手段,历来是检验教学质量和学习效果以及选拔人才的重要手段。通过对考试结果的分析,我们可以了解并提升"教"与"学"的质量。因此,考试也就特别需要"公平"与"公正"。而只有过程的公平才能保证结果的公正,才能保证评价的真实可靠,也才能为我们的下一步行动提供最为切实的指导。这就需要我们以诚信考试作保证。

诚信考试,是责任感的体现,是道德品格的体现。诚信考试,需要考生的自我约束和自觉行为,在考试过程中端正态度,严格遵守考试规章制度,杜绝各种形式的作弊行为。

诚信是公平考试的前提和必要条件,如果失去了诚信,考试就会成为不公平竞争,也就失去了其应有的意义。

从这个意义上讲,诚信考试不仅检测学生的学习质量,也检验学生的道德水准,检验学生的人格水平。

2015年8月29日,第十二届全国人民代表大会常务委员会第十六次会议通过了《中华人民共和国刑法修正案(九)》,将考试作弊纳入刑法调整范围。该修正案自2015年11月1日起施行,其主要内容有:

1.组织考试作弊罪。在法律规定的国家考试中,组织作弊的,处三年以下有期徒刑或者拘役,并处或者单处罚金;情节严重的,处三年以上七年以下有期徒刑,并处罚金。

2.组织考试作弊罪。为他人实施前款犯罪提供作弊器材或者其他帮助的,依照前款的规定处罚。

3.非法出售、提供试题、答案罪。为实施考试作弊行为,向他人非法出售或者提供第一款规定的考试试题、答案的,依照第一款的规定处罚。

4.代替考试罪。代替他人或者让他人代替自己参加第一款规定的考试的,处拘役或者管制,并处或者单处罚金。

诚信考试,让我们的生活更真实,让我们的微笑更灿烂,让我们的人生更有意义!

《中华人民共和国刑法修正案(九)》的颁布,表明考试作弊不仅违反校规,而且触犯法律,是犯罪行为。每一个青年学生都要学法、守法,拒绝作弊行为,都要诚信考试。

第十六课　陈嘉庚的刚毅性格

> 咬定青山不放松，立根原在破岩中；
> 千磨万击还坚劲，任尔东西南北风。
> ——郑板桥

陈嘉庚在一生的创业、办学过程中表现出自强不息、坚韧不拔的刚毅性格。他说过："世上无难事，唯有毅力与责任耳。""有坚强之精神，而后有伟大之事业。"20世纪30年代陈嘉庚曾作《畏惧失败才是可耻》一文，表达了其知难而进，刚毅不屈的精神。

陈嘉庚在创业、经商、办学过程中，由弱到强，又由盛到衰，历经波折，无不体现他的刚毅性格。

一、从父亲的失败中站起来创业

1891年，陈嘉庚到新加坡，协助父亲经营"顺安"米号，管理货银账目。

1898年，陈嘉庚回国奔母丧。

1903年，陈嘉庚再次出洋时，面对的是"顺安"米号的破产。陈嘉庚不甘心父亲几十年奋斗开创的事业就这样毁于一旦，决定为父亲背下债务，下定决心替父亲偿还债务。

从此，陈嘉庚毅然走上艰辛的创业之路。

1904年，陈嘉庚从自己熟悉的菠萝罐头加工入手，在城郊买了块地，办起"新利川"菠萝罐头厂。

当时的欧洲市场对产自新加坡一带的菠萝罐头十分青睐，但对于包装盒形状有特殊要求。别的罐头厂商嫌采用特殊形状的包装盒麻烦，不愿接单。而陈嘉庚却主动出击，亲自登门拜访，详细了解经营菠萝罐头的洋行对罐头外观和内在质量的要求，接下对包装、形状和甜度有特殊要求的罐头订单，并根据客户的需求改善罐头品质。同时他利用罐头售出收款与购买生产原料付款的时间差，促进资金周转，不断扩大生产规模，在菠萝罐头行业中脱颖而出，成为当地罐头厂中经营最成功、获利最多的一家。

预见到欧洲市场对菠萝罐头的需求还会进一步增加，而菠萝原料供应将日趋紧张，陈嘉庚果断出手，买下三千亩地用来种植菠萝，为以后的罐头行业发展奠定了基础。

初次创业的成功没有让陈嘉庚沾沾自喜，他意识到，在新的世纪仅靠菠萝罐头和米业是远远不够的，必须通过运用日新月异的新技术寻找新的商机。

好学不厌的陈嘉庚了解了橡胶的神奇作用，了解到可以充气的轮胎已被发明，他敏锐地意识到：橡胶将是未来社会最重要的商品之一。为此他毫不犹豫地买下18万粒橡胶种子，套种在菠萝园里。若干年后，一位名满东南亚的橡胶大王就是从这里起步的。

二、在逆境中奋起创业

1907—1908年,世界遭遇了一波经济危机,美国的铁路公司、钢铁企业停工一半以上,英国、法国的钢铁、建筑、纺织业的产量急剧下降,出口大幅减少。由于这些行业不是陈嘉庚经营的行业,对他没有太大的影响。在此期间,陈嘉庚的企业不断扩张,已拥有8家菠萝罐头厂,分布在新加坡、马来亚和泰国。仅新加坡的罐头厂就年产菠萝罐头80万箱,占新加坡总产量的一半以上。

然而,风云突变。1914年第一次世界大战爆发后,从东亚撤离的德国军舰在印度洋肆意攻击商船,新加坡通往欧洲的航路被迫中断,陈嘉庚各家企业生产的菠萝罐头和熟米无法运出,产品大量积压,工厂被迫停工。那些收下订单的洋行既不肯收货又不退还所收的保证金,让陈嘉庚叫苦不迭。这个时期是陈嘉庚遇到的最困难时期之一。

然而,这一次遭遇的意外损失,让陈嘉庚发现了另外的商机。欧战期间,许多商船被交战国征用。陈嘉庚决心在这个时期涉足航运业。他先后租用了四条轮船,除运输自己的货物外,还替英国政府把货物从南洋运到波斯湾,年获利45万元,给陈嘉庚以极大的鼓励。

1916—1917年,陈嘉庚先后买了一艘货船和一艘客轮,租给法国政府经营,获利颇丰。但好景不长,这两艘轮船先后在地中海被德国军舰击沉。幸好办了保险,损失不大。

凭着过人的胆识,加上几分运气,第一次世界大战期间,陈嘉庚不仅安然渡过难关,还在危机中找到商机,从海运、橡胶、粮食加工等多种经营中获得丰厚利润。

1922年全球经济又出现大萧条,橡胶价格低迷。陈嘉庚再次出

手,以极低的价格收购了马来亚的九家橡胶厂。他投资为新收购的橡胶厂扩建厂房,添置新设备,开始大量生产帆布胶鞋、橡胶玩具,生产手推车和马车的轮胎,并开始试制将会被广泛应用的汽车轮胎。

随着世界经济的好转,从1924年起,陈嘉庚将公司扩展到上海、厦门、广州及香港,在新加坡、马来亚开设分行20多家。

1925年世界橡胶价格一路攀升。这一年陈嘉庚公司从橡胶生产经营中获利760万元,由此名声大振,陈嘉庚成为东南亚最成功的华人企业家之一。

三、在困境中坚持办学

陈嘉庚一生热心公益,注重教育。

他说:"办学是要有勇气的,也就是我们校训所说的'诚毅',无论什么艰难困苦,都要不屈不挠。"

1894年,陈嘉庚年仅20岁,只是父亲米店的一名伙计,自己没有任何私蓄。他和妻子商量,把父亲给他们成婚、家用省下的2000银元拿出来,创办"惕斋学塾"。他说:"盖义务不能待富而后行","凡作社会公益,应由远而近,不必骛远好高。"

1921年,他认捐400万国币创办厦门大学。按当时的汇率计算,他认捐的数额是其当时全部资产的两倍多。也就是说,陈嘉庚不仅把到手的钱捐出去了,还把可能赚到而还没有到手的钱也捐出去了。

他说:"余办学,非积有巨金寄存银行,一切经费,皆待经营。""惟有真骨气方能爱国,惟有真事业方能救国。"

1926年,陈嘉庚的企业开始出现亏损,此后每况愈下。为了支付集美学校和厦门大学的校费,陈嘉庚不惜举债、变卖家产。1931

年他出卖了过户给儿子的大厦,以维持两校的校费。新加坡报纸以"出卖大厦,维持厦大"为标题,报道了这一消息。

晚年,陈嘉庚为厦门大学、集美学校的修复和扩展投入全部心血。他除了自己投入和争取政府资助外,还向亲友募捐。

1961年,陈嘉庚逝世。临终,他把自己在国内银行的300多万元存款全部捐献给集美学校和其他公益事业,没有留一分钱给子孙。

他说:"我既立志为社会服务,当然不能再为儿孙计。若兼为儿孙计,则不能尽量为社会服务。此理自明,毋须多赘。"

【讨论题】

1.陈嘉庚说:"畏惧失败才是可耻。"你是如何理解这句话的?

2.请你通过网络搜寻让你最感动的刚毅创业的故事,并通过微信与同学共享。

【知识点-16】

爱迪生的七千次实验

灯泡发明前，人们使用炭棒作灯丝的电弧灯。它虽然能发出亮光，但是光线刺眼，耗电量大，很不实用。

发明家爱迪生暗下决心："一定要发明一种灯光柔和的电灯，让千家万户都用得上。"于是他开始着手寻找灯丝的材料：从传统的炭条到金属钌、铬、白金等，爱迪生试验了多种材料，但却一次次失败了。面对失败，爱迪生没有退却，他坚信：失败乃成功之母。

1879年10月，在一次偶然的机会下，爱迪生尝试把炭化棉线装进灯泡，接通电源后灯泡发出金黄色的光辉，把整个实验室照得通亮。这盏电灯足足亮了45小时，灯丝才被烧断，灯泡终于试制成功。这是人类第一盏有实用价值的电灯。

灯泡试制成功后，爱迪生没有满足，他尝试用炭化后的竹丝作灯丝，试验结果表明，用竹丝作灯丝效果很好，灯丝耐用，灯泡可亮1200小时。

经过13个月的艰苦奋斗，爱迪生试用了6000多种材料，试验了7000多次，终于使电灯开始进入寻常百姓家。

七千多次的实验充分体现了爱迪生的刚毅性格。

第十六课　陈嘉庚的刚毅性格

集美鳌园

第十七课　诚毅品格培养

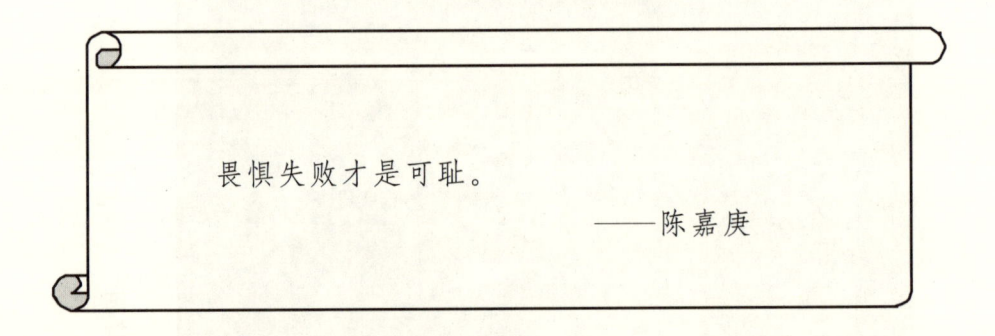

> 畏惧失败才是可耻。
>
> ——陈嘉庚

诚毅品格培养包括培养诚信品德和刚毅性格两个方面。

一、诚信品德培养

诚信就是诚实守信。诚实是指一个人的言行与思想一致,实事求是,不弄虚作假。守信即讲信用、重承诺。

诚信是以真诚之心,行信义之事。诚信是诚实无欺,信守诺言,言行相符,表里如一。诚信品德是做人的基本品质,也是每一个人都应该具有的良好品德。

一个人的诚信品德不是天生就有的,需要教育培养,需要在日常生活中自觉养成。

学校教育是培养学生诚信品德的主要途径。培养学生诚信品

第十七课 诚毅品格培养

德,要从两个方面入手,一方面要让学生明确诚信品德的培养要求,另一方面要让学生掌握诚信品德的培养方法。

(一)培养诚信品德的要求

1.每个人都要讲诚信

诚信是立身之本、为人之基、处事之道。诚信要求人们待人处事要真诚、老实、讲信誉,做到言必信、行必果,一言九鼎,一诺千金。

诚信属于道德范畴,是一种人人必备的优良品格。只有诚信的人,才能在社会上结识真朋友。只有诚信的人,才能在事业发展中有长期合作、共谋发展的伙伴。

2.讲"诚"要做到诚实无欺

"诚",是儒家为人之道的中心思想,我们为人处世,当以诚信为本。讲"诚",要求为人真诚、坦率,不能口是心非;做事要求实事求是,不说谎,不欺诈,不弄虚作假。

3.讲"信"要做到信守承诺

"信",即有信用、讲信誉、守信义。有信用是一个人过去有履行承诺的正面记录。讲信誉是一个人有诚实守信的好声誉,守信义是一个人能恪守承诺,遵守相互之间的约定、协议及诺言。诚实守信是相互联系在一起的,诚实是守信的基础,守信是诚实的具体表现;不诚实很难做到守信,不守信也很难说是真正的诚实。

(二)培养诚信品德的方法

培养诚信品德的方法包括加强诚信教育和开展诚实守信实践活动两个方面。

1. 加强诚信教育

在诚实教育方面,教育学生诚实待人,以真诚的言行对待他人、关心他人,对他人富有同情心,乐于助人。教育学生严格要求自己,学习上不投机取巧,不抄袭作业,不作弊,生活中不欺骗自己,不欺骗父母,不欺骗老师。

在守信教育方面,可采取以下方法:

(1)教育学生学习陈嘉庚的守信美德。

陈嘉庚的守信美德堪称典范。印尼爱国华侨郭金荣亲身经历这样的事:当他还是个14岁的孩子时,曾得到一张象征与陈嘉庚先生有着雇佣关系的铜牌。工程结束后,陈嘉庚如实发放工钱,并告诉所有工人保存好铜牌,若今后有困难可找他,他定鼎力相助。当时很多人都认为这是一句客套话。

郭金荣18岁时,其父亲客死异国他乡。当他举目无亲之时,无意间看到了铜牌,就硬着头皮去找陈嘉庚,不想陈嘉庚丝毫没有怠慢这位遇困青年,并信守诺言,拉了这身处谷底的青年一把,使他在危难之际获得重生。陈嘉庚的信守承诺使郭金荣受到强烈震撼。郭金荣成为企业家后,以陈嘉庚为榜样,信守承诺,妥善处理业务关系。同时能积极响应陈嘉庚的号召,积极参与发动华侨支持抗战的活动。

(2)教育学生要讲信用,重承诺,做到言必信,行必果;要讲责任,认真履行自己的职责,不要推卸自己的责任。

(3)教育学生自觉遵守法律法规、校规校纪和社会公德,强化学生的法律和规则意识,培养学生讲规矩、守规则的良好品德。

2. 开展诚实守信实践活动

学工处组织各班级开展诚信教育"八个一"活动:

(1)召开一次诚信主题班会。以班级为单位,通过开展诚信教育

主题班会,引导学生树立"做诚信人、讲诚信话、办诚信事"的观念,教育学生从日常学习入手、从小事做起,在待人接物中讲诚信、守承诺。

(2)出一期诚信宣传栏。每个班出一期诚信黑板报、学校出一期诚信宣传栏,大力营造"讲诚信"环境氛围。

(3)开展一次搜集诚信典故、名言活动。以班为单位发动同学开展搜集有关诚信的名人名言、谚语、俗语或搜集一个有关诚信的历史典故的活动。

(4)搜集陈嘉庚和其他名人、伟人有关诚实守信的故事,在班级内开展讲故事活动。

(5)制定一份诚信公约。各班级通过深入开展诚信教育活动,结合所学专业特点,围绕"增强诚信意识,培养诚信习惯,争当诚信楷模"等内容,制定"班级诚信公约"。

(6)开展一次诚信演讲比赛。结合道德讲坛宣讲活动,开展一次以"我身边的诚信故事"为主题的演讲比赛。通过演讲比赛发现、挖掘和树立身边的先进典型,用身边先进典型事迹教育身边的人。

(7)举办一次诚信征文比赛。校团委负责组织举办诚信主题征文比赛活动,并评选一批优秀征文,汇编成册。

(8)进行一次诚信教育实践检验。期中或单元考试时,教务处挑选一些班级采取无人监考、流动监考等不同考试方式,让学生诚信应考,以检验诚信教育的成效。

二、刚毅性格培养

(一)培养刚毅性格的要求

刚毅即刚强、坚毅。具有刚毅性格的学生有较强的意志力,能勇

敢面对学习和生活中的困难,积极克服各种困难,努力实现自己的目标与梦想。而缺乏刚毅性格的学生面对困难往往采取逃避态度,其结果是永远到不了胜利的彼岸。

青年学生要在家长和学校老师的帮助下,有意识地培养刚毅性格,并注意满足以下两个要求:

1.要培养不服输的精神

学习、生活中,一个人总会碰到这样或那样的困难。无论碰到什么困难都不要轻言放弃,要有那么一股不服输的精神,想方设法克服困难,完成任务,实现目标。当然,克服困难的过程可能让你倍感煎熬,但只要你坚持下去,迈过这个坎,就会获得最终的胜利,就会增强自己性格的刚毅性。

2.要让自己独立起来

学习生活中,遇到问题时应尽量自己一个人去解决,不要轻易依赖别人。如果做事总要依靠他人,久而久之自己就会变得懦弱,就会导致性格出现缺陷。如果做事不轻易依赖他人,勇敢地一个人去面对,久而久之自己的性格就会逐渐变得刚毅起来。

(二)培养刚毅性格的方法

在学校里,班主任在培养学生刚毅性格中要发挥主导作用,要通过以下具体方法培养学生的刚毅性格。

1.目标导向法

班主任应指导学生根据个人实际情况,制定短期目标和长期目标。学生心中有了目标,就会有努力方向,有"盼头",就会为实现目标而去努力,表现出坚毅、顽强和勇气。

确定目标要恰当,让学生通过努力能够实现。过高的目标让学

生觉得高不可攀而不去努力,过低目标的实现无须学生必要的努力,两者都会失去目标的积极导向作用。

当合理目标确定后,班主任要督促学生制定实现目标的具体计划,并认真落实计划,保证目标的顺利实现。

2.独立活动法

应尽可能让学生独立参加活动,如让学生自己完成职业生涯规划,自己完成作业,自己完成实训操作,自己整理床铺,自己洗衣服,等等。学生独立完成这些活动,需要克服这样或那样的困难与障碍,让他们在克服这些困难与障碍的过程中,锻炼意志,提高解决问题的能力。当学生战胜了困难,达到了目的,就会体验成就感,增强自信心。

3.克服障碍法

坚强意志是磨炼出来的,越是困难的环境越能锻炼人的意志力。老师要有意识地给学生设置一些障碍,并为他们提供克服困难、清除障碍的机会,使他们在清障的过程中得到磨炼,增强爬坡过坎的能力。

4.自我培养法

学生的意志品质不是天生的,需要学校老师的培养,也需要他们的自我培养。班主任要引导他们掌握自我控制、自我激励、自我制约,自我命令以及自我暗示等培养方法。比如,当学生做事遇到困难想退缩时,可让他给自己鼓劲:"大胆些""不要怕""再坚持一下"等。

(三)培养刚毅性格的实践活动

1.通过军训培养刚毅性格

军训的目的是通过严格的军事训练,提高学生思想觉悟,弘扬革命英雄主义精神,培养刻苦耐劳的坚强毅力,增强国防意识和组织纪律性,养成良好的学风和生活作风。

2.通过技能训练培养刚毅性格

学生学习专业技能,需要刚毅的性格。因为,多数专业的学生熟练掌握一项技能需要时间上的坚持,有的专业(如钳工、车工等)需要长时间站立劳动,有的专业(如热菜烹调)需要长时间在高温环境下劳动,有的专业(如会计专业)需要长时间高度集中精力,等等。通过这些专业技能的训练实习可以培养学生的刚毅性格。

3.通过晨跑培养刚毅性格

晨跑,特别是冬季晨跑,是锻炼毅力、培养刚毅性格的有效途径。因为晨跑不仅需要通过"再坚持一下"的信念来克服体力不支的困难,还需要克服寒冷冬天怕冷"恋床"的畏难情绪。

4.坚持从小事做起培养刚毅性格

培养毅力要从日常小事做起,自觉克服身上的不良习惯,如懒散、贪玩和畏难思想,时刻提醒自己该起床了,该离开电脑了,该做什么事了,经常命令自己科学安排作息时间,经常督促自己的工作和学习。青年学生只要从一点一滴的小事做起,并坚持到底,就能使自己成为一个有毅力的人。

【讨论题】

1.开展军训对培养学生刚毅性格有什么积极意义?
2.在学校培养学生刚毅性格的方法有哪些?
3.你认为应通过什么途径培养自己的刚毅性格?

【知识点-17】

小事情可以锻炼大毅力

锻炼毅力的方式方法很多,其中"从小事做起",可以锻炼大毅力。小事情很多,从哪些小事情做起呢?

有的人好睡懒觉,那不妨来个睁眼就起。

有的人老讲"今日事,还有明天",那就把"今日事,今日毕"作为座右铭。

有的人碰到书就想打瞌睡,那就每天强迫自己读一小时的书,不读完就不睡觉。只要天天强迫自己坐在书本面前,习惯总会形成,毅力也就油然而生。

高尔基说:"哪怕是对自己的一点小小的克制,也会使人变得强而有力。"

科学家李四光一向以工作一丝不苟著称,这与他年轻时就锻炼自己每步走零点八米这类的小事不无关系。

道尔顿平生不畏困难,这与他五十年天天观察气象而养成的韧性品格有关。

生活一再昭示,克服困难的过程,就是培养毅力的过程。毅力不很强的人,往往能克服小困难,但不能克服大困难。然而不断地克服小困难,就会使人有克服大困难之毅力。今天,你或许挑不起一百斤的担子,但你可以挑三十斤、四十斤,这就行。只要你天天挑,总有一天,一百斤担子压在肩上,你也能健步如飞。

弘扬嘉庚精神　培养诚毅品格

陈嘉庚纪念馆展厅一角

（陈嘉庚纪念馆提供）

第六单元

职业道德修养

> 千教万教，教人求真；千学万学，学做真人。道德教育的核心问题，是使每个人确立崇高的生活目的。
> ——苏霍姆林斯基

职业道德是一种受社会普遍认可的职业规范。党中央大力倡导以爱岗敬业、诚实守信、办事公道、服务群众、奉献社会为主要内容的职业道德。其中：

爱岗敬业是职业道德的基本规范，诚实守信是职业道德的基本要求，办事公道是职业道德的基本准则，服务群众是职业道德的基本内容，奉献社会是职业道德的基本目标。

作为即将走上工作岗位的准职业人,要明确爱岗敬业、诚实守信、办事公道、服务群众和奉献社会的修养要求,自觉加强职业道德修养,争取做一个合格的"职业人"。

第十八课　职业道德内容

> 实际上,每一个阶级,甚至每一个行业,都有各自的道德。
>
> ——恩格斯

一、职业道德的含义

(一)职业道德概念

职业道德是从事一定职业的人们在职业活动中所应遵循的道德原则和行为规范的总和。

(二)职业道德的含义

职业道德的含义可以从以下几个方面来理解:
1.职业道德是一种受社会普遍认可的职业规范。
2.职业道德是长期以来自然形成的,没有确定的形式,通常体现

为观念、习惯、信念等。

3.职业道德依靠文化、内心信念和习惯,通过员工的自律实现。

4.职业道德大多没有实质的约束力和强制力。

5.职业道德的主要内容是对员工义务的要求。

6.职业道德标准多元化,代表了不同企业可能具有不同的价值观。

7.职业道德承载着企业文化和凝聚力,影响深远。

(三)狭义和广义职业道德

1.狭义职业道德:是指在一定职业活动中应遵循的、体现一定职业特征的、调整一定职业关系的职业行为准则和规范。

例如《中小学教师职业道德规范》提出的以"爱国守法、爱岗敬业、关爱学生、教书育人、为人师表、终身学习"为内容的职业道德,是教师必须遵循的狭义职业道德。

2.广义职业道德:是指从业人员在职业活动中应该遵循的行为准则,涵盖了从业人员与服务对象、职业与职工、职业与职业之间的关系。

中共中央印发的《公民道德建设实施纲要》十六条提出以"爱岗敬业、诚实守信、办事公道、服务群众、奉献社会"为主要内容的职业道德,是各行业员工都必须遵循的广义职业道德。

二、职业道德的基本内容

我们这里主要讨论广义职业道德基本内容。

(一)爱岗敬业

爱岗敬业是爱岗与敬业的总称。爱岗就是热爱自己的工作岗位,热爱本职工作,敬业就是要用一种恭敬严肃的态度对待自己的工作。

爱岗敬业体现忠于职守的事业精神,是职业道德的基础。

爱岗和敬业,互为前提,相互支持,相辅相成。"爱岗"是"敬业"的基石,"敬业"是"爱岗"的升华。

(二)诚实守信

诚实守信是做人的基本准则,也是社会道德和职业道德的基本规范。诚实就是忠于事物的本来面貌,不隐瞒自己的真实思想,不掩饰自己的真实感情。要表里如一,说老实话,办老实事,做老实人。守信就是讲信用,讲信誉,信守诺言,忠实履行自己承担的义务,答应别人的事一定要去做。

(三)办事公道

公道与公平、公正的含义大致相同,意指坚持原则,按照一定的社会标准实事求是的待人处事。办事公道是对于人和事的一种态度,是历来人们所称道的职业道德。办事公道要求人们在办事情、处理问题时,要站在公正的立场上,对当事双方公平合理、不偏不倚,不论对谁都是按照一个标准办事。

(四)服务群众

服务群众就是为人民群众服务,一切以人民的利益为出发点和

归宿。服务群众是社会全体从业者通过互相服务，促进社会发展、实现共同幸福。服务群众是一种现实的生活方式，也是职业道德要求的一个基本内容。服务群众是社会主义职业道德的核心，它是贯穿于社会共同的职业道德之中的基本精神。

(五)奉献社会

奉献社会就是积极为社会做贡献，这是社会主义职业道德的本质特征。奉献社会，就是从业人员不论从事任何职业，都要有益于他人，有益于国家和社会。奉献社会自始至终体现在爱岗敬业、诚实守信、办事公道和服务群众的各种要求之中。奉献社会并不意味着不要个人的正当利益，不要个人的幸福。恰恰相反，奉献和个人利益是辩证统一的，一个自觉奉献社会的人，他才会真正找到个人幸福的支撑点。

【讨论题】

1. 职业道德的基本内容是什么？
2. 你如何理解职业道德的基本内容？

第十八课　职业道德内容

【知识点-18】

员工行为规范标准

1. 精神文明行为规范

(1)忠于职守,爱岗敬业,讲究工作方法,讲求工作效率,注重工作实绩。

(2)以诚待人,与人为善。工作上互相支持,生活上相互关心,努力营造团结和谐的工作生活环境。

(3)倡导健康、科学、文明的生活方式,杜绝不文明,不道德行为。自觉遵守员工宿舍制度,互相关心、帮助,搞好邻里关系。节约用水用电,注意用火安全。

(4)遵纪守法,不酗酒、不迷信、不赌博、不损公肥私,预防发生民事纠纷及刑事犯罪。

(5)做好防盗防火工作。

2. 业务行为规范

(1)拓宽知识,努力钻研专业知识,熟练掌握岗位操作规技能,不断提高自身业务水平和工作能力。

(2)爱护办公设施和生产设备,规范执行操作规程。

(3)严格遵守科室及车间的各项管理制度。

(4)按时上下班,不无故迟到、早退、旷工。

(5)不得在岗位上干私活、会见亲友,少打私人电话。

3. 职业道德行为规范

(1)不将公司的处方、工艺及相关技术资料泄露给他人或出卖给

其他厂家,离岗时不得带走公司任何技术资料。

(2)不得私自将办公用品、成品、半成品、原料等公司财产带出公司,占为己有。

(3)操作生产设备时不得接、打电话。上班时间不得用手机聊天、玩游戏。

(4)发现事故隐患,应采取有效措施防止事故发生。

4.语言、仪表、举止行为规范

(1)工作时间不闲聊,不喧哗,不戏闹,不随意串岗。

(2)男员工不允许留长发,女员工应将长发束起。

(3)不允许留长指甲,不允许涂颜色鲜艳的指甲油。

(4)不允许乱扔烟头、纸屑,不随地吐痰,不得在上班时吃早点或零食。

(5)讲文明礼貌,对领导恭敬,对同仁谦和,对来宾热情。

第十八课　职业道德内容

公民基本道德规范：爱国守法　明礼诚信　团结友善　勤俭自强　敬业奉献

公民基本道德风范

第十九课　职业道德内涵

> 心灵美就是精神的美与道德的美。
> ——库申

以"爱岗敬业、诚实守信、办事公道、服务群众、奉献社会"为主要内容的职业道德是社会上占主导地位的职业道德,我们要深刻理解其丰富的内涵。

一、爱岗敬业是职业道德的基本规范

(一)爱岗敬业的含义

爱岗敬业是热爱自己的岗位,敬重自己的职业,是职业道德的基础。

"爱岗"要求从业人员要热爱自己的本职工作,安心于本职岗位,稳定、持久地在职业园地耕耘,恪尽职守地做好本职工作。

"敬业"要求从业人员充分认识本职工作在社会经济活动中的地位和作用,用一种恭敬严肃的态度对待自己的工作。在职业活动中具有事业心、职业荣誉感和自豪感,具有高度的劳动热情和责任感。

爱岗是敬业的前提,敬业是爱岗情感进一步的升华。不爱岗的人,很难做到敬业;不敬业的人,很难说是真正的爱岗。

(二)爱岗敬业的要求

从业人员具备爱岗敬业职业道德,应满足以下要求:

1.正确认识职业,树立职业荣誉感。从业人员只有充分认识自己所从事职业的社会价值,具有职业荣誉感和自豪感,才会做到爱岗敬业。这是爱岗敬业的前提。

2.热爱工作,敬重职业。爱岗敬业要求从业人员热爱自己的职业,对自己的职业存有敬畏之心。现实生活中许多人必须面对现实,去从事社会所需要、而自己内心不是十分愿意干的工作。在这种情况下,"爱岗敬业"就必须做到"干一行,爱一行",专心致志做好岗位工作。

3.安心工作,任劳任怨。爱岗敬业要求从业人员要安心工作,不要经常跳槽换岗;对岗位工作要任劳任怨,不要拈轻怕重。

4.严肃认真,一丝不苟。爱岗敬业要求从业人员对岗位工作要严肃认真,不要随意马虎;要一丝不苟,不要敷衍了事。

5.忠于职守,尽职尽责。爱岗敬业要求从业人员对岗位工作要忠于职守,不要擅离职守;要尽职尽责,不要渎职失责。

二、诚实守信是职业道德的基本要求

诚实守信是为人之本,从业之要。

(一)诚实守信的含义

诚实守信是指忠诚老实,信守诺言,是从业者职业道德的最基本要求。

诚实就是对他人开诚布公,不隐瞒,不欺骗;对自己为善去恶,光明磊落。诚实就是表里如一,做老实人,说老实话,办老实事。

守信,就是信守诺言,说话算数,讲信誉,重信用,履行自己应承担的义务。

诚实和守信两者密切联系,诚实是守信的思想基础,守信是诚实的外在表现。

(二)诚实守信的要求

1.诚信的根本精神是真实无妄,它要求人们尊重客观规律,具备求真、求实的态度,坚持实事求是的思想路线。

2."诚信"作为一种价值观念,具有公正、不偏的特性,它要求社会群体建立公正、合理的制度,要求每个社会成员树立起公正、公平的处事态度和大公、无私的道德观念。

3.在现代市场经济体制和法治社会条件下,人与人之间的关系需要用诚实守信来调节,也需要通过遵纪守法来保证。

三、办事公道是职业道德的基本准则

(一)办事公道的含义

办事公道是指公正无私的办事态度,这是职业道德的基本准则。

办事公道要求所有从业人员在本职工作中,以法律法规及公共

道德准则为标准,平等待人,秉公办事,公平、公正、公开处理问题,不以权害公,不以私害民,不损公肥私。

(二)办事公道的要求

公道,就是公正的道理。公道,是人类追求的基本价值,是社会进步的标准。办事公道必须满足以下要求:

1. 客观公正,照章办事

客观公正,即遇事从客观事实出发,做出客观、公正的判断和处理。照章办事,就是按照规章制度来对待所有的当事人,坚持原则,不徇私情,不谋私利。

2. 廉洁奉公,公私分明

廉洁奉公,要求从业者根据自身工作特点,在实际工作中不侵犯公共财物,不损害公共利益,不贪图便宜,不假公济私。要做到公私分明,办事公道,特别是与人、财、物有密切联系的职业劳动者,在经济利益圈中出出进进,更要自觉抵制歪风邪气的侵蚀,做到"常在河边走,就是不湿鞋"。

3. 一视同仁,公平对待

从业人员必须对自己的服务对象一视同仁、公平对待,不论职位高低,关系亲疏,一律平等相待,热情服务;一律按党的方针政策办事,按规章制度办事。杜绝办事不公、拉关系、走后门的现象。

4. 善于识别,把握标准

从业者能否做到办事公道,一方面与其品德相关,另一方面也与其认识能力有关。若一个人认识能力差,分不清是非,把不了标准,就无法真正做到办事公道。所以,从业者要加强学习,明确办事原则,掌握是非标准,提高识别能力。

四、服务群众是职业道德的基本内容

《公民道德建设实施纲要》指出:"服务群众作为公民道德建设的核心,是社会主义道德区别和优越于其他社会形态道德的显著标志。每个公民不论社会分工如何、能力大小,都能够在本职岗位,通过不同形式做到为人民服务。"

(一)服务群众的含义

服务群众是指从业人员在职业活动中要全心全意地为人民群众服务。服务群众指出了我们的职业与人民群众的关系,指出了我们工作的主要服务对象是人民群众,指出了我们应当依靠人民群众,时时刻刻为群众着想,急群众所急,忧群众所忧,乐群众所乐。

(二)服务群众的要求

在社会主义中国,每个从业人员都是群众中的一员,既是为别人服务的主体,又是被别人服务的对象。每个人都有权享受他人的职业服务,同时又承担着为他人做出职业服务的义务。因此,服务群众是对所有从业者的要求。

服务群众要做到以下几点:

1.要对群众热情周到:从业人员对服务对象要有主动、热情、耐心的态度。

2.要满足群众需要:从业人员要努力为群众提供方便,想群众所想,急群众所急。

3.要掌握高超的服务技能:服务群众要有实实在在的行动,帮助群众解决问题需要扎扎实实的服务技能。如果从业人员只有服务热

情,没有服务本领,是无法实现服务目标的。

五、奉献社会是职业道德的基本目标

(一)奉献社会的含义

奉献社会要求从业人员树立奉献社会的职业精神,在职业岗位上通过兢兢业业的工作,自觉为社会和他人做贡献。

奉献社会的道德要求体现了社会主义职业道德的目标指向,社会主义职业道德规范中的"爱岗敬业""诚实守信""办事公道""服务群众"等内容,都是为了实现"奉献社会"的职业目标。

无私奉献是人类最纯洁、最崇高的道德品质。在中华民族几千年的文明史中,最耀眼的是无私奉献的灿烂光辉,最感人的是无私奉献的杰出人物。陈嘉庚之所以成为"华侨旗帜,民族光辉",是因为他把一切都奉献给祖国的独立、统一和富强,奉献给人类的进步事业。

(二)奉献社会要有埋头苦干的务实态度

无私奉献,要坚持埋头苦干的务实态度。如果说"无私奉献"是我们思想修养追求的彼岸,那么"埋头苦干"则是抵达这一彼岸的桥梁。无私奉献不仅是一种高尚的情操,更重要的还要表现为实实在在的具体行动。

作为教师,要为国家培养更多的创新型人才默默耕耘;

作为工人,要为国家和人民多生产合格的产品;

作为农民,要为国家生产出更多的粮食;

作为军人,要为国家和人民坚守边疆、保家卫国;

作为科学家,要为国家发明出更多的科研成果;

作为学生,要努力学习,成为现代化建设的合格人才。

【讨论题】

1. 你如何理解职业道德各项内容的含义?
2. 你如何理解职业道德各项内容的具体要求?

【知识点-19】

关于职业道德的若干概念

1.职业道德——是同人们的职业活动紧密联系的,符合职业特点所要求的道德准则、道德情操与道德品质的总和。它既是对本职人员在职业活动中行为的要求,同时又是职业对社会所负的道德责任与义务。

2.职业素质——是指从业者在一定的生理和心理条件基础上,通过教育、社会实践和自我修养等途径形成和发展起来的,职业活动中发挥作用的内在基本品质。

3.职业道德修养——是指一定的职业活动中自觉按照职业道德原则,规范和理想进行自我教育、自我改造、自我锻炼的过程,以及由此形成的职业道德境界。

4.职业理想——是指一定的职业道德原则和职业道德规范在一定职业和从业者人格上的实现,是从业者对符合自己意愿的职业工作种类以及所要达到成就的追求和向往。

5.职业态度——是指从业者对所从事的职业的评价和表现出的行为倾向,是从业者对其他职业和广大社会成员履行职业义务的基础。

6.职业责任——是职业团体和从业者被赋予的职权、职责及对社会、对人民所承担的责任和义务要求。

7.职业能力——是指从业者把自己的知识、技能和态度在特定的职业活动或情境中,进行类化、迁移与整合所形成的能完成一定职

业任务的能力。

8.职业纪律——是一种行为规范,他要求从业者在职业生活中遵守秩序(制度)、执行命令和履行自己的责任。它是调整从业者与他人、单位、社会以及职业生活中局部与全局关系的重要形式。

9.职业良心——是人们在履行义务过程中形成的道德责任感、向善的意念和自我评价的能力。它是一定道德观念、道德情感、道德意识和道德信念的统一。

10.职业荣誉——是社会组织对从业者职业行为的社会价值所做的客观评价,是对从业者履行职责和义务的肯定和褒奖。由职业荣誉产生的职业荣誉感,是从业者从社会的肯定和褒奖中获得的成就感和幸福感,是职业道德情感的重要内容,也是从业者坚守职业岗位的重要动力。

11.职业作风——是指从业人员在其职业活动中表现出来的,具有其职业特点的态度和风格,是社会对职业特定的共同要求。

12.敬业——是指从业人员专心致志从事自己的职业,表现为对职业和职业活动的热爱、执着和专注。

第十九课　职业道德内涵

陈嘉庚培养的学生遍布海内外

第二十课　职业道德修养

> 修养的本质如同人的性格,最终还是归结到道德情操这个问题上。
>
> ——爱默生

道德修养是指个人为实现一定的理想人格而在意识和行为方面进行的道德上的自我锻炼,以及由此达到的道德境界。

职业道德修养属于道德修养范畴,是指从业人员在道德意识、道德行为方面的自我锻炼和自我提高,在职业实践中形成的道德品质以及应达到的职业道德境界。

一、职业道德修养的基本途径

职业道德修养是一种自律行为,是从业者在头脑中进行的两种不同道德观念的斗争。职业道德修养的基本途径有:

(一)学习马克思主义伦理观

马克思主义伦理观是指以辩证唯物主义和历史唯物主义为理论基础的关于道德的科学理论。它阐述了社会主义道德和职业道德的基本观点,是职业道德修养的指针。学习马克思主义伦理观有利于从业人员树立科学的世界观、人生观和道德观。

(二)学习先进模范人物

党的十四届六中全会《决议》指出:"社会主义现代化建设中涌现出来的先进集体和先进人物,是实践社会主义精神文明的榜样。"榜样的力量是无穷的,学习先进模范人物的高尚品德和崇高精神,是从业人员加强职业道德修养,提高自身职业道德水平的必由之路。

(三)提倡"慎独"

"慎独"是儒家的一种道德修养方法。指在闲居独处无人监督之时,更须谨慎从事,自觉遵守各种道德准则。我们现在依然提倡"慎独",是重在自律,即道德上的自我约束。"慎独"既是加强职业道德修养的行之有效的重要方法和途径,也是一种崇高的思想道德境界。

(四)提倡"积善成德"

"积善成德"是指善行好事,长期积小善就会为大德。高尚的职业道德不是一夜之间能够养成的,它需要一个长期的"积善"过程。我们提倡"积善成德",就要"善行好事",精心培养社会主义职业道德观念,使其不断积累。

二、职业道德修养的要求

(一)爱岗敬业的修养要求

职业道德修养中,"爱岗敬业"修养的具体要求主要是:树立职业理想、强化职业责任、提高职业技能。

1.树立职业理想

职业理想是指人们对未来工作部门和工作种类的向往,对现行职业发展所要达到目标水平的憧憬。

人的职业理想有初级、中级和高级三个层次:

(1)初级层次职业理想是为了维持自己及家庭的生存,过安定的生活。这是职业理想的基本层次。

(2)中级层次职业理想是通过特定的职业,施展个人的才智。这种职业理想表现出因人而异的多样性。

(3)高级层次职业理想是通过社会分工,把自己的职业活动与为社会、为他人服务联系起来,与人类的前途和命运联系起来,为社会进步和人类前途做贡献。

我们在树立职业理想时,要有自己的初级层次职业理想,更要确立自己的中级层次和高级层次的职业理想。

2.强化职业责任

爱岗敬业要求从业者必须有高度的责任感,认真履行自己的岗位职责。为此,从业单位要强化员工的责任意识教育,从业人员要自觉强化职业责任意识。

3.提高职业技能

职业技能是从业人员进行职业活动、履行职业责任的能力和手

段,它包括从业人员的实际操作能力、业务处理能力、技术技能以及与职业有关的理论知识等。为了提高从业人员的职业技能水平,从业单位要重视职业技能培训,从业人员要通过自学、进修,提高自己的职业技能。

(二)诚实守信的修养要求

职业道德修养中,"诚实守信"修养的具体要求主要是实事求是、以诚待人、言而有信、履行义务。

1.坚持实事求是,尊重客观事实,即忠于事物的本来面貌。

2.坚持以诚待人,不隐瞒自己的真实思想,不掩饰自己的真实感情,不说谎,不作假。

3.坚持言而有信,一诺千金。对人守信,对事负责。

4.坚持履行义务,切实履行自己必须承担的义务。

(三)办事公道的修养要求

职业道德修养中,"办事公道"修养的具体要求主要是坚持真理、公私分明、公平公正、光明磊落。

1.坚持真理:在大是大非面前立场坚定;坚持照章办事,按原则办事;对违反原则的人和事要敢于说"不"。

2.公私分明:先公后私,公而忘私,坚持原则、秉公办事,要把握好公务和私务、公财和私财、公德和私德的关系。

(1)分清公务与私务,要划清公私界限,把握好公与私、情与理的尺度,不用公权换私利,不因私情乱公事,不以义气乱原则。

(2)区分公财与私财,要严守公私财产界限,在公私财之间拉起"高压电网",划出警戒红线;要让公共财政使用行为在阳光下运作;

严格执行个人财产报告制度。

（3）严明公德与私德，做到公德要给力，私德要过关。在公德方面，要清清白白做官，堂堂正正做人，老老实实做事。在私德方面，要严格自律，遵守社会公德、家庭美德和职业道德，做良好社会道德和职业道德的践行者。

3.公平公正："公平"主要是保障法律（或规则）面前人人平等、机会均等，避免歧视对待。"公正"主要是维护正义，防止徇私舞弊。

坚持公平公正必须做到：坚持按原则办事，不徇私情，不怕各种权势，不计个人得失。

4.光明磊落：做人做事没有私心，胸怀坦荡，行为正派。

坚持光明磊落必须做到：把社会和集体利益放在首位；坚持原则，无私无畏；诚实做人，老实办事；敢于负责，敢于担当。

（四）服务群众的修养要求

服务群众要求从业人员在职业活动中要全心全意为人民服务，是职业道德的灵魂。在服务过程中要做到热心、耐心、虚心、真心，为群众排忧解难，为群众出谋划策，提高服务质量。

陈嘉庚说过："服务社会是吾人应尽之天职。""我毕生以诚信勤俭办教育公益，为社会服务。"作为一个即将走上就业岗位的从业人员，要向陈嘉庚学习，在未来的职业岗位上，把为群众服务作为自己的"天职"。

职业道德修养中，"服务群众"修养的具体要求主要是热情服务群众、真心对待群众，向人民群众负责。

1.热情服务群众

要做到服务群众，必须树立"人人为我，我为人人"的从业观念，甘当群众的服务员。全国十佳职业道德标兵、上海市第一百货商店

营业员马桂宁曾说:"我信奉的两句话是:坚定不移地为顾客服务,愿为顾客服务终生。"有人曾问他:"你最关心的是什么?"他回答:"是让每一位顾客满意。"正是因为他具有崇高的理想和坚定的信念,所以能做到全心全意为顾客服务。

2.真心对待群众

仅仅树立服务群众的观念还不够,还必须落实到行动上,即每个从业人员无论做任何事情,都要想到群众,想到群众的利益,实实在在地为群众服务,并落实到方方面面、点点滴滴。职业劳动者在履行职责时,时刻不忘记以国家、集体、他人的利益为重,注意处理好个人与个人、个人与集体的利益关系。以高尚的情操和良好的作风,影响教育服务对象,使他们在情感上受到激励,在品德上受到熏陶,在心灵上受到启迪,在行为上受到鼓舞。

3.向人民群众负责

毛泽东同志曾经指出:"我们的责任,是向人民负责。每句话,每个行动,每项政策,都要适合人民利益。如果有错误,就要改正,这就叫向人民负责。"

从业人员服务群众不是一句空话,要落实到自己职业活动的实际行动上,即要对自己所生产的商品质量负责,对自己所做的服务工作质量负责,对自己所做的售后质量负责。

(五)奉献社会的修养要求

职业道德修养中,"奉献社会"修养的具体要求有:

1.立足岗位做奉献

从业人员无论在什么行业,什么岗位,从事什么工作,只要他爱岗敬业,努力工作,就是在为社会做出贡献。

2.树立正确的义利观

在工作过程中讲奉献、不索取，不求名、不求利，反对见利忘义，反对唯利是图。

3.竭尽全力做贡献

要有热心为社会服务的责任感，充分发挥主动性、创造性，自觉自愿地、竭尽全力地为他人、为社会贡献力量。

4.坚持奉献与获得的辩证统一

我们要坚持获得来自奉献，奉献就是获得的辩证统一关系。要像"感动中国人物"徐虎那样，辩证处理奉献与获得的关系："你不奉献，我不奉献，谁来奉献？你也索取，我也索取，向谁索取？"

【讨论题】

1.你认为应如何进行爱岗敬业方面的道德修养？
2.你认为应如何进行办事公道方面的道德修养？
3.你认为应如何进行奉献社会方面的道德修养？

【知识点-20】

办事公道名人名言

1. 大道之行也,天下为公。

——《礼记·礼运》

2. 大明无私照,至公无私亲。

——唐·张蕴古

3. 公则生明,廉则生威。

——清·朱舜水

4. 公正是赏罚公明者的美德。

——亚里士多德

5. 平出于公,公出于道。

——《吕氏春秋》

6. 平而后清,清而后明。

——宋·司马光

7. 人心公则如烛,四方上下,无所不照。

——明·薛宣

8. 事在是非,公无远近。

——唐·张九龄

9. 为山九仞,功亏一篑。以公灭私,民其允怀。

——《尚书》

10. 一公则万事通,一私则万事闲。

——袁子正论

11. 以至公无私之心,行正大光明之事。

—— 明·吕坤

12. 治身莫先于孝,治国莫先于公。

—— 宋·苏轼

13. 做事公正一小时,胜过祈祷五昼夜。

—— 阿拉伯谚语

第二十课　职业道德修养

道德讲堂

道德楷模之"雷锋传人"——郭明义

30年来，我经历了很多，但我的信念一直很明确：一个共产党员，要为党、为国家、为人民的事业奉献自己的一切，这是天经地义的，不需要任何理由。

——郭明义

道德楷模——郭明义

弘扬嘉庚精神　培养诚毅品格

向雷锋同志学习